Zum Beispiel
Bolivien

Süd-Nord

herausgegeben von Ekkehard Launer

Süd-Nord: Eine Buchreihe, die das komplizierte Verhältnis zwischen »Dritter Welt« und Industrienationen anhand konkreter Beispiele aufgreift, verständliche Hintergrundinformationen liefert, Zusammenhänge deutlich macht, Anregungen gibt, wie jede/r sich weiter informieren und engagieren kann.

Süd-Nord: Das gibt die Richtung an! Wir müssen die Umstände kennen lernen, die Armut, Hunger, Unterdrückung und Ausbeutung verursachen. Das Augenmerk liegt auf ungerechten Strukturen, von denen wir, die Bewohner des Nordens, profitieren.

Süd-Nord: Das sind keine wissenschaftlichen Studien, die durchgearbeitet werden müssen, sondern einführende Lesebücher, die keinerlei Vorkenntnisse voraussetzen.

Zu folgenden Themen sind bisher »Zum Beispiel«-Bände erschienen: Afrikanische Literatur, Altkleider, Amazonas, Atomwaffen, Autos, Babies, Bananen, Baumwolle, Bevölkerungspolitik, Blumen, Blut, Bolivien, China, Dienstmädchen, Elefanten, Entwicklungshelfer, Entwicklungshilfe, Entwicklungsprojekte, Fairer Handel, Fische, Flüchtlinge, Frauenalltag, Frauenprojekte, Frauenrechte, Fußball, Gesundheit, Gewürze, Giftmüll, Gold, Holz, Honig, Hunger, Internet, Islam im Alltag, IWF & Weltbank, Kaffee, Kakao, Ken Saro-Wiwa, Kinder im Krieg, Kinderalltag, Kinderarbeit, Kokain, Korruption, Kurden, Landminen, Männerwelten, Mais, McDonald's, Mega-Städte, Menschenrechte, Mosambik, Nahrungsmittelhilfe, Osttimor, Palästina, Patenschaften, Pestizide, Regenwald, Reis, Rindfleisch, Rohstoffe, Saatgut, Schule, Selbsthilfe, Sextourismus, Sklaverei, Slums, Soja, Staudämme, Südafrika, Sudan, Tabak, Tee, Tellerwäscher, Textilien, Tourismus, Umweltschutz, Umweltzerstörung, Ureinwohner, Verschuldung, Wasser, Welthandel, Wüste und Zucker.

Nähere Informationen über die Reihe sind kostenlos erhältlich bei: Lamuv Verlag, Postfach 26 05, D-37016 Göttingen

ZUM BEISPIEL BOLIVIEN

von
Robert Lessmann

Süd-Nord

Lamuv Taschenbuch 327

Bitte fordern Sie unser kostenloses Gesamtverzeichnis an:
Lamuv Verlag, Postfach 26 05, D-37016 Göttingen
Telefax (05 51) 4 13 92
E-Mail info@lamuv.de
www.lamuv.de

04 05 06 07 08 6 5 4 3 2 1

1. Auflage 2004
Originalausgabe

Fotos: Robert Lessmann
Umschlaggestaltung: Gerhard Steidl
Gesamtherstellung: Steidl, Göttingen
Printed in Germany
ISBN 3-88977-645-0

Inhalt

Bolivien: Ein Anriss

La Paz, 17. Oktober 2003: Geschichte live, auf geteiltem Fernsehschirm. Oben: Der bisherige Vize-Präsident Carlos D. Mesa wird vom Kongress als Präsident vereidigt. Unten: Eine Boing 767 rollt für den Nachtflug nach Miami zur Startbahn. Unter den Passagieren befindet sich Gonzalo »Goni« Sanchez de Lozada, der gerade als Präsident zurückgetreten ist. *El Gringo*, wie ihn Gegner wegen seines starken amerikanischen Akzents nannten, wurde von einem Volksaufstand aus dem Amt und aus dem Land gejagt. Das vergessene kleine »Tibet Südamerikas« war für einen Moment in aller Munde.

Bolivien liegt im Herzen Lateinamerikas. Das Land grenzt im Norden und Osten an Brasilien, im Südwesten an Paraguay, im Süden an Argentinien, im Südosten an Chile und im Osten an Peru. Das verleiht Transzendenz: Trotz seines relativ geringen wirtschaftlichen und politischen Gewichts haben Entwicklungen in Bolivien beträchtliche Ausstrahlung auf die Region. Nicht zuletzt die historisch sprichwörtliche politische Instabilität und die Tradition einer der stärksten Arbeiter- und Bauernbewegungen des Halbkontinents. »Rebellion in den Venen«, lautet der Titel eines Standardwerks über Bolivien. Che Guevara wollte Mitte der sechziger Jahre von hier aus die Revolution entfachen und »zwei, drei, viele Vietnam« schaffen.

Im Salpeterkrieg (1879–1883) verlor Bolivien seinen Zugang zur Pazifikküste an Chile und ist seither Binnenland. Bolivien hat eine Fläche von 1 098 581 Quadratkilometern. Nach dem letzten Zensus aus dem Jahr 2001 beträgt die Bevölkerung 8 274 325 Personen. Gemäß dem Index für menschliche Entwicklung der Vereinten Nationen liegt das Land auf Position 114 und gehört damit zu den so genannten »Ländern mit mittlerem Einkommen«. Doch jeder siebente Bolivianer oder Bolivianerin muss mit weniger als einem US-Dollar pro Tag auskommen. Es herrscht große soziale Ungleichheit: Auf die zehn Prozent der ärmsten Bevölkerungsschicht kommen nur 1,3 Prozent des Einkommens, auf die reichsten zehn Prozent der Bevölkerung 32,0 Prozent.

Bolivien ist der Prototyp eines Peripherielandes. Als »Bettler auf dem goldenen Thron« wurde das Andenland oft bezeichnet. Bolivien ist relativ reich an mineralischen Rohstoffen, aber durch seine Binnenlage und Geografie wirtschaftlich nur relativ schwach integriert. Stets exportierte Bolivien seine Rohstoffe zu relativ unvorteilhaften Bedingungen: erst Silber, Kautschuk und Zinn, heute Erdöl und Gas – und ein weiteres Exportgut, von dem hier auch die Rede sein muss, auch wenn es nicht in der Außenhandelsstatistik steht: Kokain. Die *Terms of trade* haben von 1980 (=100) bis zur Jahrtausendwende (2000 = 53) um 47 Prozentpunkte eingebüßt. Das Außenhandelsdefizit ist chronisch. Trotz mehrerer Schuldenerlasse bleibt die Auslandsverschuldung erheblich, und

Bolivien ist in hohem Maße von Vorzugskrediten und Zuschüssen abhängig. Im Jahre 2001 entsprachen sie 9,4 Prozent des Bruttoinlandsprodukts und finanzierten praktisch 100 Prozent der öffentlichen Ausgaben. Es gab immer wieder Zeiten, da reichten die Steuereinnahmen nicht aus, um die Staatsbediensteten zu bezahlen. Man kann daher mit Fug und Recht von einem *aid regime* sprechen. Der normale internationale Kapitalmarkt ist für Bolivien außer Reichweite.

Diese Abhängigkeit von ausländischer Entwicklungsfinanzierung hat Bolivien zum Experimentierfeld für Politiken und Entwicklungskonzepte werden lassen, die anderswo entworfen wurden, vor allem in Washington: Von der neoliberalen Strukturanpassung Mitte der achtziger Jahre über den »Drogenkrieg« bis hin zu den so genannten neoliberalen »Reformen der zweiten Generation«, die Mitte der neunziger Jahre weitere Privatisierungen nun mit neuen Aufgabenstellungen für den Staat verbanden.

Von den Eisgipfeln der Andenkordillere bis nach Amazonien: Bolivien hat eine ungeheuer vielfältige Geografie mit den verschiedensten Klimazonen und Lebensräumen und daher auch eine außerordentliche Artenvielfalt zu bieten. Doch die gesellschaftlichen Verhältnisse wie auch die ethnische Zusammensetzung der Bevölkerung sind so zerklüftet wie die Geografie des Andenlandes. Das Revolutionsprojekt des Che Guevara scheiterte nicht zuletzt an gegenseitigem Unverständnis: Rund 50 Prozent der Bevölkerung sind indianischer Abstammung. Bolivien ist damit das

»indianischste« Land Südamerikas. Amtlich werden 35 indigene Völker unterschieden. Die größten davon sind Quetschua (mit 2 339 630) und Aymara (mit 1 577 786 Angehörigen). Beide stammen vom *Altiplano*, der fast 4 000 Meter hoch gelegenen Ebene zwischen Ost- und Westkordillere. Und sie sind so zahlreich, dass in Bolivien, wenn man von indigenen Völkern sprach, implizit stets die kleineren Völker aus dem Tiefland gemeint waren; jedenfalls bis vor wenigen Jahren.

Quetschua und Aymara identifizierten sich nach der Revolution von 1952/53 stets mehr nach sozioökonomischen Kategorien: als *Mineros* (Bergarbeiter) oder *Trabajadores Campesinos* (Kleinbauern), die in der Landarbeitergewerkschaft organisiert waren. Erst mit dem Zusammenbruch des Bergbaus Mitte der achtziger Jahre und der indigenistischen Konjunktur im Vorfeld des so genannten Kolumbus-Jahres zur 500-Jahr-Feier der »Entdeckung Amerikas« (1992) begann man, sich wieder stärker auf seine indianischen Wurzeln zu berufen, die freilich stets auch vorhanden gewesen waren. Nach einem halben Jahrtausend des Ethnozids, der Versklavung und der Unterdrückung, der Inquisition und der »Ausrottung des Aberglaubens«, der Ausbeutung, Diskriminierung, Beleidigung und Geringschätzung zeichnet sich Bolivien durch eine unglaublich starke Präsenz von Elementen uralter Andenkulturen aus. In Kunst und Brauchtum, im Volksglauben, aber auch in der sozialen Organisation und in der Politik: eine oftmals un- oder missverstandene *Kultur des Widerstands*.

Tiwanaku: Virtuosen mit Wasser und Stein

Die Luft ist glasklar. Ein schneidend kalter Wind fegt über die weite, grasige Hochfläche. Am Horizont heben sich die verschneiten Gipfel der *Cordillera Real* vom stahlblauen Himmel ab, der hier zum Greifen nahe scheint. Schon das Ambiente ist geeignet, im Besucher Gefühle der Verlorenheit im unendlichen Kosmos zu wecken. Erst recht die bizarren Steinobelisken von Tiwanaku, 60 Kilometer westlich des bolivianischen Regierungssitzes La Paz in einer Höhe von knapp 4 000 Metern gelegen. Jene Statuen aus dem 2. bis 10. Jahrhundert n. Chr. erinnern mit ihren über-

Tiwanaku

dimensionierten Köpfen und gedrungen quadratischen Formen an Raumfahrer. Boulevardwissenschaftler hatten sich von ihnen zu der These inspirieren lassen, eine außerirdische Zivilisation habe bei der Entwicklung der vor-inkaischen Kultur von Tiwanaku ihre Finger im Spiel gehabt. Waren doch die vorgefundenen Mauerreste und Fundamente mit erstaunlicher geometrischer Exaktheit ausgerichtet. Und stellt nicht das berühmte Sonnentor eine astronomische Glanzleistung dar, einen Jahreszeitenkalender, der sich nach der Sonne bzw. dem Mond orientiert? (Die Wissenschaftler waren sich darüber nie ganz einig.) Und wie waren die tonnenschweren Steine herangeschafft worden, wo man das Rad doch nicht kannte? Handelsknotenpunkt oder Pilgerstätte mochte Tiwanaku gewesen sein. Jedenfalls ein Ort von hoher spiritueller Bedeutung. »Eine Kultur, verschluckt von den Schatten der Nacht«, sagten die Inka.

»Weder Handelsplatz noch Wallfahrtsort. Die Wirklichkeit war weit weltlicher – und großartiger zugleich«, meint der Archäologe Prof. Alan Kolata von der Universität Chicago, der hier zusammen mit seinem bolivianischen Kollegen Dr. Oswaldo Rivera ab 1988 systematische Ausgrabungen leitete. Erstmals kamen dabei in Bolivien modernste Analyse- und Konservierungsverfahren zur Anwendung. Wichtiger Bestandteil des Projekts war nicht zuletzt ein Konservierungskurs für bolivianische Studenten.

Trotzdem. Ein titanisches Vorhaben. Was nicht von den Inka zerstört wurde, die sich selbst für Schöpfer und Mittelpunkt der Welt hielten, plünderten ab dem 16. Jahrhundert die Spanier, deren Conquista noch nicht vom Forschergeist der Aufklärung begleitet war. Ein Vorgehen, das auch nach der Unabhängigkeit Boliviens – im Jahre 1825 – beibehalten wurde. Tiwanaku diente als Steinbruch, unter anderem für den Bau der Kathedrale von La Paz und für Eisenbahnbrücken. Man kann nicht ermessen, was auf diese Weise verloren ging. Ein Übriges besorgte die Archäologie, die in ihren Anfängen in Tiwanaku – allzu oft am Fremdenverkehr orientiert – die spektakulärsten Fundstücke zusammentrug und möglichst dekorativ postierte. Kaum ein Stein ist noch an seinem ursprünglichen Platz. »Das berühmte Sonnentor stand mit Sicherheit nicht da, wo es heute steht. Wahrscheinlich war es Teil irgendeiner Mauer«, relativiert Kolata die Bedeutung der Hauptattraktion.

Doch was er und sein Team den »Schatten der Nacht« entrissen, übersteigt bei weitem alle bisher angenommenen Dimensionen. Nach seiner Theorie, die sich auf geophysikalische Oberflächenuntersuchungen und flächendeckende Stichprobengrabungen stützt, handelte es sich um eine hoch entwickelte Zivilisation von 100 000 bis 400 000 Menschen. Das heutige Tiwanaku war demnach ihr Zentrum mit 50 000 bis 60 000 Einwohnern. Sitz der Herrschaftselite einer Agrargesellschaft, die sich auf ein zentral organisiertes Wasserbausystem stützte. Zu Füßen der Hügelketten, die nördlich und südlich das Hochtal begrenzen, haben die Forscher in Richtung Titicacasee durchschnittlich alle zwei Kilometer Spuren von Dörfern und der charakteristischen Hügelfelder gefunden.

Künstlich erhöhte Felder kennen wir als Hügelbeete aus dem ökologischen Gartenbau. Sie können Nährstoffe und Feuchtigkeit besser speichern als herkömmliche Felder. In Tiwanaku waren sie zusätzlich von Wassergräben umgeben, die auch als Wärmespeicher und Frostschutz dienten. Die Biomasse, die sich in diesen Gräben entwickelte, diente als organischer Dünger. Solche Felder werfen weit höhere Erträge ab als herkömmlicher Ackerbau. Das ist das Ergebnis eines Projektablegers, der sich, dem Konzept der so genannten »living archeology« folgend, darum bemüht, diese uralten Techniken wieder zu beleben und so der stagnierenden Landwirtschaft auf dem *Altiplano* auf die Beine zu helfen. Untersuchungen von Gefäßscherben, mit deren Hilfe sich feststellen lässt, was darin zubereitet wurde, sowie Knochenfunde von verzehrten Tieren lassen mit Hilfe von Computerhochrechnungen den Schluss zu, dass die Ernährung der Menschen in der Tiwanaku-Zeit weit besser war, als sie heute ist. Und das, obwohl die Bevölkerungsdichte weit höher gewesen sein muss. Hauptanbauprodukte waren Kartoffel und Quinua, ein besonders eiweißhaltiges Hochland-Getreide, doch standen auch ausreichend Fleisch, Gemüse und Fisch auf dem Speisezettel.

Das System der erhöhten Felder funktioniert freilich am Besten auf der Basis eines flächendeckenden Bewässerungssystems. »Da war Tiwanaku im Vorteil«, sagt Kolata ironisch. »Während wir im Kleinen mühsame Überzeugungsarbeit leisten mussten, waren die in der Lage, Kanäle zu bauen, Dämme, Reservoire für die Trocken- und Entlastungskanäle für die Regenzeit.«

Um Projekte dieses Ausmaßes zu realisieren, bedurfte es eines zentral organisierten Systems öffentlicher Arbeiten, dessen genaue Organisation hier noch nicht erforscht ist, wie es aber später auch das Inkareich kannte.

Demgegenüber ist die These widerlegt, dass das heutige Tiwanaku einst am Ufer des Titicacasees gelegen habe. »Es ist gut möglich, dass der See in Tiwanaku-Zeiten wesentlich größer war als heute. Aber unsere Bodenuntersuchungen haben eindeutig ergeben, dass er nicht bis an die Stadt reichte. Jedenfalls nicht während der letzten 15 000 Jahre.«

Die Kernstadt mit Palast und Tempelbezirk war indessen tatsächlich von einem System künstlicher Wassergräben umgeben. Vielleicht den Inseln des Titicacasees symbolisch nachempfunden. Die Inka hatten später ja in der Sonneninsel den Ort der Schöpfung und den Mittelpunkt der Welt gesehen. In Tiwanaku hat man solch einen Ort planmäßig geschaffen. Die Gebäude sind an einer Achse ausgerichtet, die exakt vom Eisgipfel des Illimani im Osten zum Titicacasee im Westen weist. Und die archäologischen Funde zeugen von einem erstaunlich hohen kulturellen Niveau.

Die Häuser und Paläste der Eliten hatten Wasserleitungen und Abwasserkanäle. Beim Bau wurden die Steinplatten nicht nur wie bei den Inka in Cusco exakt aneinander, sondern mit Aussparungen ineinander gepasst. Zusätzlich verwendete man Metallklammern, um die Steine zusammenzuhalten. Diese Klammern waren entweder gleichzeitig Zierde, oder sie wurden mit kleinen Steinplatten abgedeckt. »Die Jungs verstanden verdammt gut, mit Wasser und Stein umzugehen«, staunt Kolata. An der Akapana und Puma Puncu, zwei der monumentalsten Gebäudestrukturen, wurden regelrechte Wasserspiele gefunden.

»Leider wurden die meisten Grabstätten geplündert«, klagen Howard Earnest und Katie Sampeck von der Universität Chicago, die in einem Grab unmittelbar nördlich des Kalasasaya-Tempels gerade ein Skelett freilegen. »Deshalb sind Funde von Keramik, Metallarbeiten oder Textilien relativ selten. Doch die Qualität der Stücke, die wir hier gefunden haben, weist eindeutig darauf hin, dass es sich hier um eine Palastregion gehandelt hat.« Kurz zuvor haben die beiden in einer Grabstätte eine Goldmaske gefunden. Ein bisher einmaliger Fund in Tiwanaku.

»Es wäre durchaus nicht ungewöhnlich, dass man die Toten in unmittelbarer Nähe der Lebenden bestattet. Doch unsere Untersuchungen hierzu sind noch nicht abgeschlossen. Es ist ebenso gut möglich, dass der Palast, an dem wir arbeiten, auf einer älteren Grabstätte errichtet wurde«, erklärt Howard Earnest. Doch deuten Funde von teilweise unvollständigen Llama- und Menschenskeletten stark unterschiedlichen Alters an einer Opfermauer möglicherweise auf einen Totenkult hin. Denn entweder ist auch dort in früheren Zeiten an den Skeletten manipuliert worden, oder es wurden möglicherweise die sterblichen Überreste bedeutender Persönlichkeiten exhumiert und symbolisch geopfert. »Doch das ist einstweilen noch Spekulation«, schränkt Alan Kolata ein und resümiert: »Was das Zentrum, das heutige Tiwanaku betrifft, so gehen wir von einer Größenordnung von 50 000 bis 60 000 Menschen auf einer Fläche von sechs Quadratkilometern aus. Die Eliten hier haben sich mit großer Pracht umgeben. Die Fassaden wichtiger Gebäude waren farbig und hatten Einlagen aus Edelmetallen, die in der Höhensonne prachtvoll gestrahlt haben müssen. Zu rituellen Anlässen trugen Krieger und Fürsten Masken aus Pumafellen oder Kondorgefieder. In den Händen trugen sie dabei Trophäenköpfe ihrer Gegner, aus edlem Gestein kunstvoll modelliert.«

Die spektakulären Chacha-Puma-Figuren, die hier gefunden wurden, interpretiert Kolata daher nicht als eigentliche Pumafiguren, sondern als Darstellung solcher Zeremonien. Neuerdings sind diese und andere Funde der Grabungen und eine moderne Kontextualisierung in einem Museum nahe den Ruinen zu sehen.

Wie ein so hoch entwickeltes Reich habe untergehen können?

»Wahrscheinlich durch eine ökologische Katastrophe, wie zum Beispiel eine Dürre«, vermutet Kolata. »Wir hatten Anzeichen für Desintegration und Verfall von Tiwanaku um das Jahr 1000 n. Chr. gefunden. Jedenfalls war es lange bevor im 15. Jahrhundert die Eroberung durch die Inka begann.«

Tatsächlich ergab nun die Untersuchung von Bohrkernen aus Gletschern der nahe gelegenen Königskordillere, dass zwischen 900 und 1100 n.Chr. eine große Trockenheit stattgefunden haben muss. Auf diese Weise könnten sich die »Schatten der Nacht« über Tiwanaku gesenkt haben.

Inka: Die Söhne der Sonne

Nur 95 Jahre lang bestand das *Tahuantinsuyu*, das Reich der vier Regionen, bis es ab 1532 von einer Hand voll Glücksritter erobert wurde. Ab 1438 war das Reich der Inka aus dem Tal von Cusco heraus expandiert. Inka Pachacutec, der Welterneuerer oder Weltenwender, wie er sich nannte, dehnte es bis ins heutige Chile und Ecuador aus. Er ließ auch die meisten Monumente bauen, darunter Machu Picchu. Unter Huayna Capac wuchs das Reich um Bolivien (Collasuyu) und den Norden Ecuadors.

Mit ihrem System indirekter Herrschaft assimilierten die Inka die Leistungen ihrer Vorläuferkulturen und generalisierten sie im ganzen Reich. 40 000 Straßenkilometer und ein System der Vorratshaltung hielten ihren »despotischen Wohlfahrtsstaat« zusammen. Doch die Expansion erfolgte zu rasch: Zu wenig homogen, zu sehr zentralisiert und von einem Erbfolgekrieg zerrissen, hielt das *Tahuantinsuyu* der spanischen *Conquista* nicht stand.

Geblieben sind monumentale Baudenkmäler und die Aufzeichnungen spanischer Chronisten. Die vor-inkaischen Hochkulturen, die das Fundament des *Tahuantinsuyu* bilden, werden wohl für immer ein Mysterium bleiben. Doch eines steht fest: Dieser kulturelle Sockel ist enorm solide. Tiwanaku bestand zum Beispiel 2 500 Jahre lang.

Die Kartoffel: Eine Knolle erobert die Welt

Zusammen und lebendig, entschied der Inka, solle man sie begraben. Sie, eine der Jungfrauen, die dem Sonnengott geweiht waren, war aus dem Tempel ausgebrochen und hatte sich einem Ackerknecht hingegeben. Aneinander gefesselt, das Gesicht nach oben, wurden sie in einer Grube verscharrt. Kein Laut kam über ihre Lippen. Doch als die Nacht hereinbrach, zogen die Sterne sonderbare Bahnen. Das Gold verschwand aus den Flüssen, und die Felder wurden unfruchtbar. Nur die Erde über dem Liebespaar blieb von der Dürre verschont. So rieten die Priester, man solle die beiden ausgraben und ihre Asche in die Winde verstreuen. Doch so viel man auch grub, man fand nur eine dicke Knolle, die sich rasch vermehrte: die Kartoffel.

Die Legende ist präziser als die Wissenschaft: Irgendwann um das Jahr 6000 v. Chr. herum, so schätzt man, haben nomadisierende Indianer begonnen, auf dem Hochplateau der Anden wilde Kartoffeln zu sammeln und selbst anzubauen. Im Laufe der Jahrtausende haben sich daraus wahre Kartoffel-Hochkulturen entwickelt. 3 000 der insgesamt rund 5 000 bekannten Kartoffelsorten finden sich in den Anden. Kartoffeln, in allen Farben und Formen, die oft kaum Ähnlichkeit haben mit *solanum tuberosum*, unserer Speisekartoffel. Darunter die rötliche *Oka*, die an eine Reihe miteinander verwachsener Radieschen erinnert. Ihre indianischen Namen lauten »Katzennase« oder »Träne der jungen Braut«. Die Vielfalt der Sorten schützt vor Krankheiten und Schädlingsbefall.

Im Hochland Boliviens und Perus sind Kartoffeln noch heute das wichtigste Lebensmittel. Die alten indianischen Hochkulturen dort basierten - neben Mais - zu einem guten Teil auf dem Kartoffelanbau. Dazu hatten sie Systeme entwickelt, die den heutigen Anbaumethoden zum Teil weit überlegen waren: die künstlich bewässerten und erhöhten Felder von Tiwanaku (200 bis 1000 n. Chr.), die kürzlich von Archäologen reaktiviert wurden. Wassergräben umgeben diese Felder, die tagsüber die Wärme der Sonne speichern und so die Pflanzen durch ein Mikroklima vor dem Nachtfrost schützen, der in 4000 Metern Höhe die Ernten gefährdet. Gut zehnmal so hoch sind die Hektarerträge auf diesen »erhöhten Feldern« im Vergleich zu den heute üblichen Anbaumethoden auf dem kargen *Altiplano*. Oder die ausgedehnten Terrassenkulturen der Inkas, die an den Hängen rund um den Titicacasee noch deutlich sichtbar sind, die aber kaum noch bewirtschaftet werden, weil es kein funktionierendes System öffentlicher Arbeiten zu ihrer Erhaltung und Bewässerung mehr gibt.

Aus vor-inkaischer Zeit stammt jenes schwärzlich-glasige Klößchen, das viele Touristen naserümpfend aus ihrer *Chairo* entfernen, einer bolivianischen Eintopfspezialität, die, weil aufwendig zuzubereiten, meist nur samstags serviert wird. Was darin an fettes, verknorpeltes Suppenfleisch erinnert und eher neutral schmeckt als nussig (wie manche finden), ist *Chunjo*: das faszinierende Produkt eines 2 000 Jahre alten Gefriertrocknungsverfahrens. Kleine Kartoffeln minderer Qualität werden dazu erst dem Nachtfrost, dann der Morgensonne ausgesetzt, bevor mit bloßen Füßen die Flüssigkeit aus ihnen herausgestampft wird. Ein Vorgang, den man mehrmals wiederholt. Wasserbäder zwischendurch nehmen der Knolle die Bitterstoffe. In Geschmack und Aussehen nicht wieder zu erkennen, enthält die *Chunjo* doch alle Nährstoffe der Kartoffel und ist jahrelang haltbar.

Die indianischen Hochkulturen, die Anbau und Verwendung der Kartoffel perfektioniert hatten, gibt es nicht mehr. Die bedenkenlose Jagd nach Gold und Silber, die Inwertsetzung eines Kontinents im Namen der Zivilisation, führte zu barbarischen Völkermorden. Doch forderte die »Begegnung der Welten« letztlich mehr außerplanmäßige Opfer durch eingeschleppte Krankheiten als durch Eroberung und Unterdrückung.

Kolumbus war nicht der erste Europäer, der in Amerika landete, aber der erste zum richtigen Zeitpunkt. Acht Jahre nach ihm (1500) streifte der portugiesische Kapitän Pedro Cabral die Küste des heutigen Brasilien, als er, unterwegs zum Kap der Guten Hoffnung einer Flautenzone vor Westafrika ausweichend, zu weit nach Westen fuhr. Ein Jahr später folgte Amerigo Vespucci seiner Route und berichtete als Erster von einem Kontinent »größer als Afrika«, der seither seinen Namen trägt: Amerika. Das moderne kapitalistische Weltsystem bildete sich heraus, und seine Pioniere, die Entdecker, durchkämmten den Globus bis in die entlegendsten Winkel auf der Suche nach Verwertbarem.

Wer mag heute die Tragweite der Veränderungen auf dem amerikanischen Doppelkontinent nachvollziehen, die sich mit der Einführung von Pferd und Rad, von Zucker, Huhn, Rind und Schwein ergaben. In 350 Jahren wurden mehr als zehn Millionen afrikanischer Sklaven nach Amerika verschleppt; eine noch größere Zahl starb auf dem Transport. Mais, Pfeffer, Tomaten und Tabak kamen aus Amerika nach Europa; in der Schweiz verband man Kakao aus der Neuen und Zucker aus der Alten Welt zu Schokolade. Reis gelangte aus Asien über Europa nach Amerika und ist heute dort fester Bestandteil vieler Nationalgerichte.

Bisher unvorstellbare Reichtümer wurden geschaffen, Kulturen ausgelöscht und Völker ins Elend gestürzt. Die spanischen und portugiesischen Eroberer, die im Auftrag merkantilistischer Schatzbildner die Paläste, Gräber und Berge Südamerikas nach dem Gold und Silber der »Wilden« durchwühlten, waren in diesem Prozess selbst schon ein Anachronismus. Während ungeachtet der geraubten Reichtümer die Entwicklung auf der iberischen Halbinsel stagnierte, brach Europa von England aus ab Mitte des 18. Jahrhunderts zur Industriellen Revolution auf. Die Beute der *Conquista* trug dazu in Form von Leihkapital bei, das meist über die Niederlande auf die britische Insel kam und dort den Übergang von der Manufaktur zur Industrie beflügelte.

Die These, dass die Ausbeutung des Südens den Reichtum des Nordens hervorgebracht habe, ist freilich zu simpel. Die Plünderung der Schätze und Rohstoffe Amerikas, Afrikas und Asiens war nur einer von mehreren Faktoren für die Industrielle Revolution. Das notwendige Kapital kam vor allem aus einem langen Prozess der Landkonzentration in England selbst, der Heerscharen von Kleinbauern enteignete und als Arbeitskraft für die Industrien »freisetzte«. Die Versorgung dieser großen Anzahl von Menschen, die nun selbst keine Nahrungsmittel mehr produzierten, konnte nur durch eine »Agrarische Revolution« gelingen. Neben verbesserten Anbaumethoden war dafür nicht zuletzt auch eine unscheinbare Knolle aus den Anden verantwortlich: die Kartoffel.

Die Kartoffel produziert mehr Nährwert auf weniger Land und schneller als Reis, Weizen oder Mais. Sie besteht zu 80 Prozent aus Wasser und ist nahezu fettfrei. Ernährungswissenschaftler schätzen das Protein der Kartoffel höher ein als das der Sojabohne; eine Knolle deckt etwa 50 Prozent des täglichen Vitamin-C-Bedarfs eines Erwachsenen.

Gonzales Jimenez de Quezeda, der 1537 in das Andenhochland vordrang, gilt als der europäische Entdecker der Kartoffel, doch wussten die Eroberer in ihrer Geringschätzung alles Indianischen damit nicht viel anzufangen. Bestandteil einer Mustersendung an den Spanischen Hof (Philipp II.), tat sich die Kartoffel in Europa zunächst schwer. Oft verwechselte man sie mit der Süßkartoffel oder der Jamswurzel, die im Mittelmeerraum bekannt war. Die Schotten, so eine Anekdote, hätten die Kartoffel abgelehnt, weil sie nicht in der Bibel erwähnt ist. Vielfach wurde sie als Ursache für Krankheiten verkannt; in der Tat sind ja die grünen Pflanzenteile giftig. Der Dichter Lord Byron (1788–1824) schrieb gegen die »unheilvollen Folgen der Leidenschaft des Kartoffelessens« an, was sich auf aphrodisierende Wirkungen bezogen haben dürfte, die der Kartoffel zugeschrieben wurden. Wahrscheinlich Folge einer Verwechslung: Botanische Verwandte aus der Familie der Solonaceae enthalten halluzinogene und narkotisierende Substanzen.

Seefahrer lernten dagegen schnell Nährwert und Haltbarkeit der Kartoffel schätzen. Im Falle eines Schiffbruchs hätten sie zudem mit einigen wenigen Saatkartoffeln bereits nach einem Jahr eine Tonne Kartoffeln ernten können. Freibeuter John Hawkins nannte die Kartoffel schon 1565 »eine der vorzüglichsten Knollenfrüchte, die man essen kann«.

Die ersten Kartoffeln, die in Westirland gepflanzt wurden, waren wahrscheinlich aus den Wracks der Spanischen Armada (1588) an Land gespült worden. Wie fast überall in Europa, setzte sich die Kartoffel in Irland als Notlösung durch. Im gemäßigten Klima gedieh die anspruchslose Knolle prächtig. Schon eine kleine Fläche genügte, um den Bedarf einer Familie zu decken. Man brauchte praktisch keine Werkzeuge, musste sie nicht dreschen, mahlen oder backen; notfalls genügte ein Holzfeuer für die Zubereitung.

Für die von Krieg und Not geplagten Iren war die Kartoffel das ideale Überlebensmittel. Nach der Niederlage gegen Oliver Cromwell (1649–52) hätte sich die Bevölkerung ohne die Kartoffel kaum am Leben halten, geschweige denn vermehren können.

Am Ende des 17. Jahrhunderts waren zwei Drittel des Landes im Besitz englischer Lords, doch war Irland im Verhältnis zu seiner Produktivkraft bald sogar übervölkert, und der Teufelskreis von Armut und Stagnation sollte sich verheerend auswirken. Die Artenvielfalt der Anden war unbekannt, und die verarmten Kleinbauern hatten kaum die Möglichkeit, durch Aussortieren verdächtiger Knollen oder Wechsel des Ackers den seuchenartigen Kartoffelkrankheiten vorzubeugen.

Die erste und schwerste Attacke der Braunfäule, einer Pilzkrankheit, stürzte das Land in Agonie. Etwa eine Million Menschen starben innerhalb weniger Jahre an Armutskrankheiten wie Typhus oder Cholera, weitere 1,5 Millionen verließen, vom Hunger getrieben, ihre Heimat. Weitere Wellen der Kartoffelfäule folgten. Bis zum Ersten Weltkrieg hatten 5,5 Millionen Iren die Insel verlassen; viele von ihnen gingen in die Neue Welt.

Dem Botaniker Carolus Clusius ist wahrscheinlich die Verbreitung der Kartoffel an deutschen Fürstenhöfen zu verdanken. In den Hungersnöten nach dem Siebenjährigen Krieg (1756-63) verhalf ihr Friedrich der Große mit drastischen Verordnungen und der Gratisverteilung von Saatkartoffeln in Preußen zum Durchbruch. In preußischen Gefängnissen hatte Antoine Parmentière die Kartoffel kennen gelernt. Er überzeugte schließlich Ludwig XVI. und seine Gattin Marie-Antionette von den Vorzügen der Knolle. Hatten vorher deren Blüten den adeligen Damen zur Zier gedient, so ließ der König nun Kartoffeln auf seinen Gütern anbauen und von Soldaten bewachen, um die Neugier der Bauern zu wecken. Noch heute pflegt der Feinschmeckerclub *Academie Par-*

mentière mit Kartoffeldelikatessen das Andenken an seinen Namensgeber. Längst wissen die Eingeweihten, dass die Kartoffel ihren Ruf als Arme-Leute-Essen, Soßenbinder und Dickmacher zu Unrecht trägt.

Die Knolle aus den Anden hat ihren Siegeszug um die Welt gehalten, und er scheint noch lange nicht vollendet. In 130 Ländern der Welt werden heute pro Jahr etwa 300 Millionen Tonnen Kartoffeln geerntet. Als nachwachsender Rohstoff hat die Kartoffel inzwischen auch die Aufmerksamkeit der Industrie auf sich gezogen. Heute beschäftigen sich Wissenschaftler etwa mit den Möglichkeiten, biologisch abbaubare Verpackungen und Plastikfolien aus Kartoffelstärke herzustellen. Die *papa*, wie sie in Lateinamerika heißt, hält Lösungen für das 21. Jahrhundert bereit; Lösungen für Probleme der Neuen und der Alten Welt.

Kartoffelernte auf dem Altiplano

Titicaca: Mittelpunkt der Welt und Umweltsorgenkind

Man muss diese Farben gesehen haben: *El lago*, der See: Gesprenkelt von 41 Inseln. Im Osten flankiert von der Königskordillere, aus der am östlichsten Zipfel des Titicaca der mächtige Illimani mit 6368 Metern herausragt. *El lago*, wo der Himmel so nah ist, dass man die Wolken herunterpflücken zu können glaubt, wo im Morgen- und Abendlicht das Blau des Wassers und des Himmels, wo die Pastellfarben der umgebenden Landschaft die unglaublichsten Nuancierungen annehmen. Ist es ein Wunder, dass zwei Hochkulturen diesen Platz als Mittelpunkt der Welt angesehen haben? Hat nicht der Schöpfergott *Huiracocha*, aufgetaucht aus den Tiefen des Titicacasees, von der Sonneninsel aus die Sonne und von der Mondinsel aus den Mond ans Firmament befohlen?

Mit 3810 Metern höchster schiffbarer See der Erde; sechzehnmal so groß wie der Bodensee. Dürre Superlative für diesen Platz, der wohl die meiste *huaca* hat. *Huaca* bedeutet für die Andenvölker so viel wie spirituelle Kraft. Ihre Lebenswelt (Berge, Hügel, Seen, Flüsse) war und ist für sie von Ahnengeistern, *Achachilas* oder *Apus*, beseelt, von denen ihr Schicksal abhängt, mit denen sie sich gut stellen und denen sie opfern müssen. Je größer, eigenartiger, exponierter der Berg, der See, der Fels, desto mächtiger auch der ihm innewohnende *Apu*.

Die Kosmovision der Andenvölker ist nicht nur von allgegenwärtigen Gegensatzpaaren gekennzeichnet wie männlich/weiblich, Tag/Nacht, *Inti/Pachamama*, sie ist auch eine Reziproke. Für alles, was *Pachamama*, die mehr Naturgesamtheit als einfach nur Mutter Erde ist, gibt, muss sie auch etwas zurückbekommen: So geht zum Beispiel der erste Schluck des Getränks stets an sie.

»Die Menschen waren von der Gnade der Berge abhängig, und sie wussten es«, meint Johann Reinhard, Völkerkundler und Archäologe, der im Herbst 1995 am peruanischen Berg Nevado Ampato in 6380 Metern Höhe einen Sensationsfund machte: die tiefgefrorenen Mumien dreier Kinder, die dort in der Inkazeit vor gut 500 Jahren den Berggöttern geopfert worden waren, um sie wegen eines Vulkanausbruchs zu besänftigen.

Die Anden sind, zusammen mit dem Himalaya, die gewaltigste Wetterscheide der Erde. Berge herrschen über Regen und Trockenheit. Ihre Gletscher bringen das lebenswichtige Wasser auch während der Trockenzeit.

In der Tat: Aufstieg und Niedergang der Hochkulturen des Andenhochlands verliefen in erstaunlichem Maße parallel zu klimatischen Phänomenen: Die Herausbildung einer Landwirtschaft ab etwa 1500 v.Chr. fiel mit einer feuchteren Periode zusammen; der Niedergang der Hochkultur von Tiwanaku (ab 1100) mit einer Trockenheit, die bis ins 15. Jahrhundert hinein anhielt und deren intensiven, künstlich bewässerten Feldbau in Frage stellte. Die Sonne, die Berge und der See bestimmten das Schicksal der Menschen.

Auch heute noch: 8372 Quadratkilometer Wasserfläche hat der Titicaca, und sein Pegel schwankt je nach Jahreszeit und Niederschlagsmenge um bis zu sechs Meter. Er hat 25 Zuflüsse. Der einzige Abfluss, der Rio Desaguadero im Süden, ist nicht während des ganzen Jahres wasserführend und trägt nur fünf Prozent zur Entwässerung des Sees bei. Der Rest ist Verdunstung durch den trockenen Wind und die starke Höhensonne. So kommt es zu einer allmählichen Versalzung und zunehmenden Umweltproblemen. Das Wasser verdunstet, Schadstoffe bleiben im See.

»Der Titicacasee erstickt in Algen«, stand unlängst in einigen Zeitungen - eine Übertreibung. Das Problem beschränkt sich zum Glück auf die flache Bucht von Puno, in die sich die ungeklärten Abwässer der peruanischen 100 000-Einwohner-Stadt ergießen. Doch die Probleme nehmen zu.

Der See ist Teil des 56 000 Quadratkilometer großen Titicaca-Beckens. Der Rio Desaguadero mündet nach 400 Kilometern in den Lago Poopó, der wie der Titicaca und der Lago Uro Uro ein Überbleibsel des ursprünglich (gegen Ende der letzten Eiszeit) sehr viel größeren Sees ist. An diesen beiden Seen kämpfen die letzten Uros und Chipayas ums Überleben, indianische Völker, die sich vom Fischfang und Wasservögeln ernähren. In dicsen kleineren Seen nahe der bolivianischen Minenstadt Oruro sind die Umweltprobleme viel markanter, nicht zuletzt durch die Schwermctallbelastungen aus den Goldminen der Umgcbung.

Verlust der umgebenden Vegetation durch Überweidung und Erosion, Reduzierung der Wasservegetation (Totora-Schilf), abnehmende Fischpopulationen, Kontaminierung der Bucht von Puno durch biologische Abwässer und des Lago Poopó durch Schwermetalle: Das sind die wesentlichen Problemfelder, die eine bolivianisch-peruanische Kommission, SUBCOMILAGO, auf der Grundlage von Studien, die Anfang der neunziger Jahre erstellt wurden, identifiziert hat. Mit Unterstützung der Europäischen Union versucht die binationale Kommission den Problemen zu begegnen: Verbesserung der Lebensbedingungen der Anrainer und Ressourcenschutz, vernünftige Wasserregulierung durch Kleindämme am Desaguadero in Verbindung mit bewässerter Landwirtschaft.

Vergleichbare Probleme treten im ganzen Andenraum auf. 60 Prozent des peruanischen Berglandes sind nach Schätzung des PROAGUA-Projekts der deutschen Gesellschaft für Technische Zusammenarbeit (GTZ) von der »Verwüstung« bedroht. Neben der Einführung geeigneter Techniken der Bewässerung und des Wassermanagements geht es bei PROAGUA nicht zuletzt auch um Bewusstseinsbildung. Denn: Sollen die Maßnahmen nachhaltig sein, müssen die Menschen voll dahinter stehen.

Politik: Die halbe Revolution

Mit mehr als 200 verschiedenen Regierungen seit seiner Unabhängigkeit am 6. August 1825 war Bolivien lange Zeit hindurch Synonym für politische Instabilität und kurzlebige Marionettenregimes in den Händen machtvoller Interessengruppen und/oder ausländischer Mächte. Bis zur Revolution des Jahres 1952 war der Reichtum des Landes in den Händen einiger weniger Minenbesitzer konzentriert. Erst mit dieser Revolution wurde das allgemeine Wahlrecht eingeführt, die Minen verstaatlicht und eine Agrarreform eingeleitet mit dem Motto: »Das Land gehört dem, der es bebaut.«

Aber die Revolution von 1952 blieb auf halbem Wege stecken. Es gelang nicht, die Klassengegensätze aufzuheben oder die ethnische und kulturelle Zerklüftung zu nivellieren.

Zwischen 1964 und 1982 regierte eine Reihe mehr oder weniger brutaler und blutiger Militärdiktaturen das Land. Die Mitte-Links-Regierung unter Präsident Siles Suazo, mit der ab 1982 die Demokratie wiederhergestellt wurde, erbte einen wirtschaftlichen Trümmerhaufen mit einer Rekordverschuldung und ein diskreditiertes und isoliertes Land, zu dem (mit Ausnahme der Nachbardiktaturen in Brasilien und Argentinien) die gesamte zivilisierte Staatenwelt die Beziehungen abgebrochen hatte.

Unter der *Narcokratie* des Generals Garcia Meza war das Kokaingeschäft vom Präsidentenpalast aus protegiert, wenn nicht organisiert worden. Darüber hinaus war die neue Regierung mit einer Arbeiterbewegung konfrontiert, die nach Jahren der Repression nun ungeduldig die Umsetzung ihrer Forderungen verlangte. Diese brisante Konstellation führte zusammen mit dem Absturz der Zinnpreise und dem Zusammenbruch des staatlichen Minenriesen COMIBOL zu einer Wirtschaftskrise und einer fünfstelligen Hyperinflation.

Die Präsidenten Boliviens seit 1971

August 1971–Juli 1978	General Hugo Banzer Suárez
Juli–November 1978	General Juan Pereda Asbún
November 1978–August 1979	General David Pandilla A.
August–Oktober 1979	Walter Guevara Arce
1.–16. November 1979	Colonel Alberto Natusch Busch
November 1979–Juli 1980	Lydia Gueiler Tejada
17. Juli 1980–August 1981	General Luis García Meza
August 1981–Juli 1982	General Celso Torrelio V.
Juli–Oktober 1982	General Guido Vildoso C.
Oktober 1982–1985	Hernán Siles Suazu
August 1985–1989	Victor Paz Estenssoro
August 1989–1993	Jaime Paz Zamora
August 1993–1997	G. Sanchez de Lozada
August 1997–August 2001	Hugo Banzer Suárez
August 2001–August 2002	Jorge Quiroga
August 2002–17. Okt. 2003	G. Sanchez de Lozada
seit 17. Oktober 2003	Carlos D. Mesa Guisbert

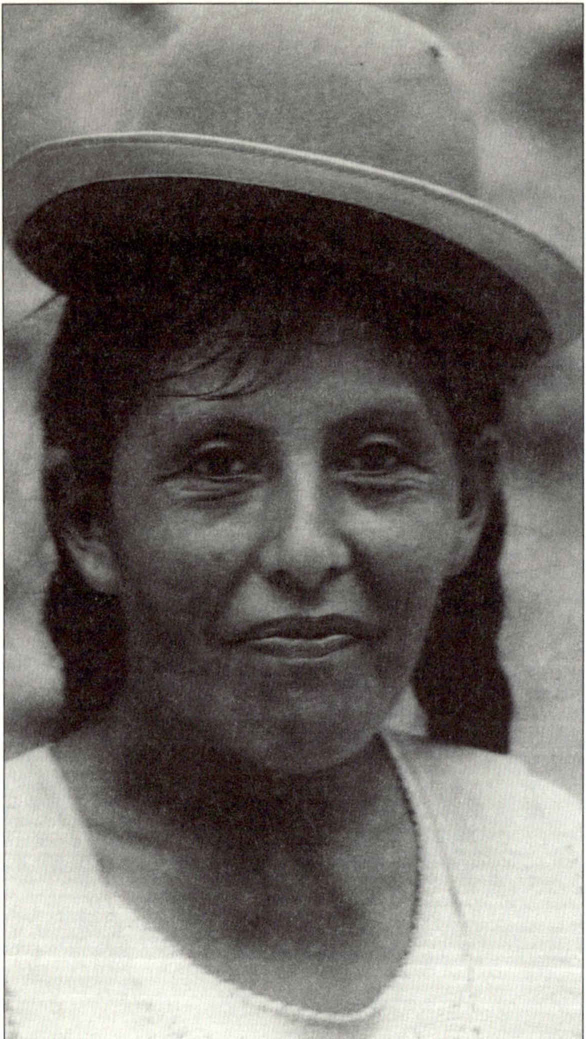

Bäuerin

Wirtschaft: Die wichtigsten Daten

Die bolivianische Handelsbilanz ist chronisch defizitär. Die Exporte sind im vergangenen Jahrzehnt auf niedrigem Niveau leicht angewachsen: von 773,8 (1992) auf 1351 Millionen US-Dollar (2001); der Hauptexportartikel Soja befindet sich aber in einer Krise, gefolgt vom neuen Hoffnungsträger Erdgas und Zink. Die Importe sind im gleichen Zeitraum von 1,1 auf 1,7 Millarden US-Dollar gestiegen; bei einem Spitzenwert von 2,4 Millarden US-Dollar im Jahr 1998. An erster Stelle stehen hier Elektrogeräte vor Produkten der chemischen Industrie. Natürlich drücken diese Zahlen auch die erwähnte Verschlechterung der *Terms of trade* aus.

Durch die Assoziation Boliviens mit dem *Mercosur* (Gemeinsamer Markt im Süden Lateinamerikas, 1991 gegründet von Argentinien, Brasilien, Paraguay und Uruguay) haben seine Nachbarländer deutlich an Gewicht als Handelspartner gewonnen. Bei den Exporten steht Brasilien vor Kolumbien; bei den Importen Argentinien vor den USA. Sowohl bei den Importen als auch bei den Exporten ist das Gewicht der USA im letzten halben Jahrzehnt um mehr als 50 Prozent gesunken.

Eine wichtige Rolle spielen auch die Länder der EU. Sie haben es aber nicht vermocht, diese Lücke zu füllen. Ohne den politischen Theaterdonner vergangener Versuche scheint sich vielmehr stillschweigend ein Stück erfolgreicher regionaler wirtschaftlicher Integration zu vollziehen.

Trotz mehrerer Schuldenerlasse liegt Boliviens öffentliche Verschuldung mit rund vier Milliarden US-Dollar weit über den Exporteinnahmen. Die größten Gläubiger sind die Weltbank und die Interamerikanische Entwicklungsbank. In beiden hat die Regierung in Washington entscheidendes Stimmgewicht. Die USA sind daneben der wichtigste bilaterale Geber und kontrollieren zusammengenommen rund 50 Prozent der Auslandshilfen, die im Jahre 2001 9,4 Prozent des Bruttoinlandsprodukts und in vielen Jahren 100 Prozent der öffentlichen Ausgaben entsprechen.

Vom Verschwendungsmodell zum Aid Regime

Die Wirtschaft Boliviens war stets von einer strukturellen Heterogenität geprägt, die auch die Revolution von 1952/53 nicht überwinden konnte. Im Gegenteil entwickelte sich eine Art Staatskapitalismus um den Bergbausektor herum. Das alles in einem Agrarland, mit kleinbäuerlichen Produzenten auf dem *Altiplano* und in den Andenhochtälern und Latifundien auf der Basis von Viehzucht, Baumwollplantagen und Holzwirtschaft im östlichen Tiefland, wo weder die Agrarreform von 1953 noch viele andere Vorhaben der Zentralregierung in La Paz Wirkung zeigten.

Gemeinhin macht man eine Mischung aus Missmanagement und dem Zusammenbruch der Preise für den Niedergang der Staatsunternehmen verantwortlich. Nicht wenige dienten aber auch lange Zeit als Melkkuh zur Finanzierung wenig produktiver Strukturen. Dazu gehörte eine Arbeiteraristokratie, die sich als gewerkschaftliche Vorhut des Proletariats verstand, inmitten eines Bauernlandes, sowie vor allem eine politische Klasse von Funktionären und »Geschäftsführern«, die es sich auf diese Weise glaubte leisten zu können, auf Politiken der Modernisierung und einer ausgewogenen, nachhaltigen Entwicklung verzichten zu können.

Dieses Modell endete mit der neoliberalen Strukturanpassung von 1985. Doch bereits die

Banzer-Diktatur (1971–78) markierte den Anfang vom Ende. Wirtschaftlich waren diese Jahre von Stabilität und Wachstum geprägt, jedoch auf trügerischer Basis. Bolivien stürzte in die Schuldenfalle, indem es bereitwillig günstige Kredite aufnahm, wie sie in jenen Jahren auf den Finanzmärkten angeboten wurden, um sie in Prestigeprojekte wie Wolkenkratzer zu stecken oder sie als Kreditgeschenke an die politische Klientel des Regimes zu verteilen, die Großgrundbesitzer im Tiefland des Ostens.

Interessanterweise fielen die Jahre der Banzer-Diktatur mit dem großen Boom des illegalen Kokain-Geschäfts zusammen, das – im Gegensatz zu den benachbarten Andenländern – von Mitgliedern der gleichen Schichten geführt wurde. Hier waren es nicht die sprichwörtlichen »Emporkömmlinge« wie in Kolumbien. Die *capos* der ersten Stunde waren in Bolivien hochrangige Militärs und Großgrundbesitzer. Gegen die Familie Banzer selbst liegen aus dieser Zeit eine Fülle von Indizien vor, die jedoch nie zu einer Anklage oder gar einer Verurteilung führten.

Das Erbe dieser Jahre war eine Pro-Kopf-Verschuldung, die zu den höchsten des Kontinents zählte, und illegale Einnahmen, die man in Dimensionen von 133 Prozent der legalen Exporte und 20 Prozent des Bruttoinlandsprodukts schätzte. Zwischen April 1984 und August 1985 erlebte Bolivien eine historische Hyperinflation mit Rekordraten von über 20 000 Prozent.

Die Politik der Strukturanpassung, die im August 1985 mit dem berühmten Dekret 21 060 eingeleitet wurde, bestand in rigorosen Maßnahmen der Geld- und Budgetpolitik. Gemeinsam mit einer Steuerreform von 1986 spricht man auch von der NPE – der Neuen Ökonomischen Politik: drastische Sparmaßnahmen, Subventionskürzungen, Preiserhöhungen, Zollsenkungen, Liberalisierung des Devisenhandels und allgemein die Liberalisierung der Märkte für Güter, Arbeit und Kapital. Diese Maßnahmen waren Bedingung dafür, dass die neue Regierung unter Präsident Viktor Paz Estenssoro (der 30 Jahre vorher die Revolution angeführt hatte) einen dringend benötigten Anpassungskredit des Internationalen Währungsfonds (IWF) und weitere Hilfe der Weltbank bekam. Ein großer Teil der NPE wurde vom Harvard-Ökonomen Jeffry Sachs entworfen und vom jungen Planungsminister »Goni« Sanchez de Lozada exekutiert. Auf diese Weise festigte sich eine enge und strukturelle Abhängigkeit zwischen La Paz und den Finanzinstitutionen in Washington.

Die Maßnahmen der NPE erlaubten eine schnelle Überwindung der Hyperinflation und eine Stabilisierung der wirtschaftlichen Rahmendaten. Ein paradoxes Detail am Rande: Während man in diesen Jahren auch mit einer systematischen Politik des Kampfes gegen den Drogenhandel begann, die rückblickend vor allem gegen den Anbau von Kokablättern und die Bauern gerichtet war, sind viele Wirtschaftswissenschaftler der Meinung, dass die schnelle und erfolgreiche Stabilisierung der Wirtschaft nicht möglich gewesen wäre ohne die Einnahmen großer Summen aus dem Drogenhandel, wie sie durch den Artikel 142 desselben Dekrets 21060 in Kombination mit einer Steueramnestie ermöglicht oder »offizialisiert«

wurde. (Übrigens existierten auch in Peru und Kolumbien bis Mitte der neunziger Jahre ähnliche legale Mechanismen der Geldwäsche.)

Auf der anderen Seite hatten diese Maßnahmen der Strukturanpassung eine ganze Reihe negativer Auswirkungen auf die Volkswirtschaft. Die hohen Zinssätze erschwerten Investitionen und Modernisierungen. Ein Überschuss an billiger Arbeitskraft als Ergebnis der Massenentlassungen nach der Schließung der Staatsbetriebe ließ sie verzichtbar erscheinen. Zwischen 1982 und 1990 brach die Kaufkraft eines bolivianischen Mindestlohns um 70 Prozent ein. Die Liberalisierung des Außenhandels ließ viele Sektoren ohne Schutz gegenüber der Konkurrenz aus den höher entwickelten und vom Klima eher begünstigten Nachbarländern. Die *Terms of trade* stürzten ab. Nicht zuletzt aber konnte das Konzept vom agilen Privatunternehmer als dem Motor der Volkswirtschaft nicht greifen in einem Land, das kein nationales Unternehmertum hervorgebracht hatte und wo die wenigen Ausnahmen stets mehr Verbindungen ins Ausland als Vertrauen in die Stabilität der eigenen Wirtschaft hatten. Die Rahmenbedingungen für schüchterne Aspiranten eines kleinen und mittleren Unternehmertums schließlich waren eher entmutigend.

All dies führte in Kombination zu einer galoppierenden Schattenwirtschaft. Man schätzt, dass etwa zwei Drittel der ökonomisch aktiven Bevölkerung im informellen Sektor tätig ist. Bis heute gibt es aber keine Strategie zur »Formalisierung« der Informellen oder zur Stärkung von Klein- und Kleinstunternehmen. Und während die vorherrschende neoliberale Rhetorik stets auf das »große«, »moderne«, »globale« Unternehmen setzte, verging ein halbes Jahrzehnt, bis es im Jahre 1991 unter Präsident Jaime Paz Zamora zu einem ersten zaghaften Privatisierungsgesetz kam, das aber die großen Unternehmen aussparte – und ein ganzes Jahrzehnt, bis unter der ersten Präsidentschaft von »Goni« Sanchez de Lozada auch diese an der Reihe waren. Dem Karren der bolivianischen Wirtschaft hatte man ein Einheitschassis *Made by IWF* übergestülpt, dem schlicht der Motor fehlte.

Mehr als ein Drittel der bolivianischen Bevölkerung lebt auf dem Land, wo es 14,2 Prozent des Bruttoinlandsprodukts hervorbringt. Zieht man die Subsistenzproduktion für den Eigenverbrauch und den verbreiteten Tauschhandel mit in Rechnung, so ist das Gewicht der Landwirtschaft zweifellos noch erheblich höher. Trotzdem hat Bolivien eine der höchsten Abwanderungsraten vom Land in die Städte.

»Ist es von Vorteil für uns Bolivianer, wenn die Landbevölkerung ihre Parzellen verlässt, um in den Städten Zitronen zu verkaufen, als Gärtner oder Hausangestellte zu arbeiten«, fragt der Ökonom Miguel Urioste und macht neben klimatischen Faktoren und der Konkurrenz von Billigimporten vor allem das Fehlen einer eigenständigen Landwirtschaftspolitik für die Krise verantwortlich. Auch die werde vom Denken der großen Entwicklungsagenturen bestimmt: der Welternährungsorganisation, der Weltbank, der Interamerikanischen Entwicklungsbank. Statt der kleinen Landwirte würden Monokulturen für die Exportproduktion unterstützt. Das jüngste Beispiel war der Sojaboom im Osten des Landes.

In den Kernzonen des Booms im Department Santa Cruz, wo ein Hektar Land im Jahre 1998 2000 US-Dollar gekostet hatte, wurde er drei Jahre später für 600 US-Dollar zum Verkauf angeboten und fand doch keinen Käufer, erzählt Urioste. Auch diese Party scheint vorbei. Getreu der neoliberalen Logik vom *laissez-faire* verzichtete der Staat auf eine aktive Wachstumspolitik.

Die prekäre Haushaltssituation zeigt sich in der Tatsache, dass die Einnahmen des Finanzministers oft nicht einmal ausreichten, um die öffentlichen Angestellten zu bezahlen. Das Verschwendungsregime der Post-Revolution machte einem *aid regime* Platz, das über die Hilfe aus dem Ausland hinaus noch von beträchtlichen Einnahmen aus dem Drogengeschäft gestützt wurde.

Die starke Abhängigkeit von Auslandsfinanzierung schränkt die politische Souveränität Boliviens ein und ermöglicht die Einmischung von Geldgebern in interne Angelegenheiten. Letztere waren und sind auf dem Gebiet des Kampfes gegen den Drogenhandel besonders stark.

Der Ökonom Carlos Toranzo vom *Instituto Latinoamericano de Investigaciones Sociales (ILDIS),* das von der Friedrich-Ebert-Stiftung getragen wird, zieht ein ernüchterndes Fazit der wirtschaftlichen Entwicklung: »Ein Land, das in gut 20 Jahren, von 1980 bis 2002, seine Exporte nur von einer Milliarde auf 1,2 Milliarden US-Dollar steigern konnte, kann man kaum als lebensfähig bezeichnen. Ebenso wenig eine Nation, die Handelsdefizite in der Größenordnung von 600 Millionen US-Dollar produziert und deren Auslandshilfe bei sieben Prozent des Bruttosozialprodukts liegt.«

Cerro Rico de Potosí: Der Berg als Menschenfresser

4 700 Meter über dem Meer: Die Lehmziegelhütten der Bergarbeiter und die Geröllhänge ringsum sind leicht mit Neuschnee angezuckert. Es ist sechs Uhr morgens und grimmig kalt. Im fahlen Licht steht kokakauend eine Gruppe *Mineros* und berät über die Arbeit des Tages. Soll man mich in den Stollen mitnehmen?

Sie sprechen Quetschua. Immerhin kann ich heraushören, dass es darum geht, ob ich ein *liquichiri* sei. Nicht sehr schmeichelhaft: *Liquichiris* sind böse Geister. Sie töten Indianer, um ihnen das Fett aus den Knochen zu saugen. Das verbrennen sie dann in den Lampen, mit denen sie ihre Kirchen beleuchten. *Liquichiris* sind blond und haben weiße Haut.

Man nimmt mich mit: Kokablätter, Zigaretten und Dynamitstangen als Gegenleistung habe ich dabei.

Der Ärger mit den *liquichiris* begann am 1. April 1545, dem Tag, als eine Abteilung spanischer Soldaten unter dem Kommando von Juan de Villaroel zum Berg heraufkam. Ein Getreidehändler aus Cusco wollte hier oben Silber gefunden haben. So war es in der Tat: Villaroel nahm den Berg im Namen ihrer Majestät, Carlos V., in Besitz und taufte die erste Mine auf den Namen *descubridora*, Entdeckerin.

In dem Dörfchen, am Fuße des Berges auf 4 000 Meter Höhe gelegen, lebten damals 170 Spanier und 300 Indianer. Zwei Jahre später waren es 14 000. Im Jahre 1611 war Potosí mit 160 000 Einwohnern fast so groß wie London und eine der reichsten Städte der Welt. »Das ist ein Potosí wert!«, ließ Cervantes seinen Don Quichote freudig ausrufen. Der Sage nach waren sogar die Straßen mit Silber gepflastert, und man hätte damit eine Brücke bis nach Madrid bauen können. Immerhin: Zwischen 1556 und 1783 waren es nach offiziellen Aufzeichnungen 45 000 Tonnen reines Silber.

Freilich mussten die Schätze dem Cerro Rico, dem reichen Berg, erst entrissen werden. Die Eroberer übernahmen von den Inka ein System der Kollektivarbeit, die *mita.* Alle Indianer zwischen 18 und 50 waren dazu verpflichtet. Die Behandlung durch die Spanier war schlimmer als jegliche Sklaverei, bei der zumeist doch Wert darauf gelegt wurde, dass die Sklaven am Leben und arbeitsfähig blieben. Eine »Maschine zur Zermalmung von Indianern« nennt der Historiker und Autor Eduardo Galeano das System. Tiefer und tiefer wurden die Stollen getrieben. Um lange Auf- und Abstiege zu vermeiden, blieben die indianischen Zwangsarbeiter oft eine Woche und länger in den Stollen. Silikose, eine tödliche Lungenkrankheit, war fast unausweichlich, und sieben von zehn Arbeitern starben. In 250 Jahren sollen insgesamt acht Millionen Indianer im Berg ihr Leben gelassen haben.

Der »menschenfressende« und der »weinende« Berg: Gegenüber dem Cerro Rico liegt Huacachi, was in Quechua so viel heißt wie »der weinende Berg«. Sind es seine zahlreichen Quellen und

Cerro Rico

Bäche, die ihm diesen Namen eingetragen haben, oder die Tragödien, die er mit ansehen musste?

Cerro Rico, der menschenfressende Berg, wie er oft genannt wurde, ist heute ein Skelett, ein Schuttkegel, dessen Inneres von einem Labyrinth von Gängen und Schächten zerfressen ist. Mit der Entdeckung der mexikanischen Silberminen im Jahre 1650 hatte Potosí Konkurrenz bekommen. Im 18. Jahrhundert waren die Silbervorkommen des Cerro Rico weitgehend erschöpft.

Noch einmal gab es einen Boom: das Zinn, zu Beginn des 20. Jahrhunderts.

Heute ist Potosí mit seinen 120 000 Einwohnern die Hauptstadt des ärmsten Departments Boliviens. Der einstige Glanz ist und bleibt erloschen. Zur Feier der 500 Jahre der so genannten »Begegnung der Kulturen« wurde Potosí jedoch zum Weltkulturerbe erklärt.

Ich bekomme einen Helm auf den Kopf und eine Magnesiumlampe mit offener Flamme in die Hand. Dann schluckt uns das Schwarz. Im schwachen Schein der Lampen folgen wir gebückt dem engen Gang, den Gleisen entlang. Wir müssen aufpassen, um nicht auszurutschen oder in eines der zahlreichen, wassergefüllten Löcher zu treten. Die Stützbalken sind in beängstigendem Zustand: fast immer morsch, nicht selten angebrochen. Von der Decke tropft rötliche Säure, die Kleidung und Schuhwerk angreift.

Die *Cooperativa Minera Unificada* (Vereinigte Minenkooperative) fördert Silber und Zink.

Nach der Revolution von 1952 wurden die Minen verstaatlicht, die Arbeiter im mächtigen Gewerkschaftsbund COB organisiert. Eine Mischung aus Missmanagement und sinkenden Weltmarktpreisen brachte Mitte der achtziger Jahre das Aus für die Mehrzahl der vergleichsweise privilegierten Arbeiter. Das Personal der staatlichen Minengesellschaft COMIBOL wurde von 30 000 auf 7 000 reduziert. Die arbeitslosen *Mineros* wurden in die Armutsgürtel der Städte umgesiedelt oder gingen in den Chapare, eine subtropische Region am Fuß der Andenkette, um Koka anzubauen. Am Cerro Rico arbeiten jetzt rund 70 Kooperativen in Stollen, die von der COMIBOL aufgegeben wurden, weil sie nicht mehr rentabel sind.

Der Gang wird noch niedriger, enger, die Luft immer stickiger. Die Mine hat keine Entlüftung. Immer wieder müssen wir in Nischen den Trägern mit ihrer bis zu 40 Kilo schweren Last ausweichen, und das in einem mehr als alpinen Gelände ohne Haltegriffe und gute Beleuchtung.

Unten im zweiten Stockwerk ist es warm, sehr warm. Wir besuchen einen Arbeitsplatz an einer Silberader. Zwei schweißgebadete *Mineros* schlagen hier mit Hammer und Meißel ein Loch ins Gestein. Jeder Schlag wird von Stöhnen begleitet.

Ich bin atemlos und frage mich, wie man unter solchen Bedingungen diese Schwerstarbeit verrichten kann. Eine Arbeit, deren Ertrag gerade fürs nackte Überleben reicht. Umgerechnet 100 US-Dollar verdienen die Arbeiter im Monat, viele auch weniger. Die durchschnittliche Lebenserwartung liegt noch deutlich unter dem Landesdurchschnitt von 63 Jahren.

In einem Seitenstollen treffen wir auf *El Tio*: eine Tonfigur, die eine Zigarettenkippe im Mund hat und auf einem Sockel steht, der mit Kokablättern, Luftschlangen und Konfetti bedeckt ist. Jeden Freitag bitten die *Mineros* mit Geschenken *El Tio* um Schutz und um bessere Erträge. Während droben eine überdimensionale Christusfigur mit ausgebreiteten Armen den Cerro Rico beherrscht, regiert Untertage *El Tio*, der gute Teufel und Gott der Unterwelt. Indianische Gottheiten wie *Huari*, der Besitzer der Bodenschätze, haben sich vor dem christlichen Monotheismus in die Figur des *El Tio* geflüchtet.

Ein schwarzes Loch führt von hier 60 Meter steil hinab in die dritte Etage, 120 Meter unter dem Minencingang. Die Temperatur beträgt 40 Grad, die Luft ist unerträglich. Drei Gruppen arbeiten hier. Zwei junge Burschen trennen mit Hämmern mineralhaltige von wertlosen Gesteinsbrocken. Einer der beiden bietet mir Wasser aus einem Kanister an: »Mineralwasser aus der Mine«, lacht er. Einen Dollar, sagt er, verdiene er am Tag. Er heißt Alberto und ist 14 Jahre alt. Seit drei Jahren arbeitet er schon hier unten.

La Paz – höchster Regierungs-(schleuder)sitz der Welt

Von wo aus man auch auf dem Flughafen El Alto von La Paz ankommt, es bleibt immer etwas ganz Besonderes. Von Lima her kommend genießt man nach dem schmalen Wüstenstreifen der Pazifikküste den Flug über das karge peruanisch-bolivianische Hochland, zuletzt über den Titicacasee, linker Hand die Sechstausender-Kette der Königskordillere. Kommt man von Santa Cruz und Cochabamba her, so passiert man im Landeanflug das gewaltige Massiv des Illimani und fliegt direkt hinweg über das »Häusermeer im Topf«, an dessen »Oberkante« man aufsetzt.

La Paz - »die Frieden« (im Spanischen ist der Frieden weiblich) - ist in mancherlei Hinsicht eine einmalige Stadt. Es stimmt, dass man hier wegen der dünnen Luft eine längere Start- und Landebahn braucht: El Alto ist mit 4100 Metern der höchstgelegene internationale Verkehrsflughafen der Welt. Stets hält man dort künstlichen Sauerstoff für Notfälle bereit. Und manche Fluggesellschaften bieten ihren Passagieren nach der Landung zunächst Kokatee an. Der harmlose Kräuteraufguss soll gegen Höhenkrankheit helfen. Ob das an den Wirkstoffen des Kokablattes liegt, sei dahingestellt. Flüssigkeitszufuhr, ob mit oder ohne Koka, erleichtert die Höhenanpassung sowieso.

Übrigens: Während Kokablätter, lose oder in Teebeuteln, in Bolivien und Peru überall legal erhältliches Standardlebensmittel sind, darf man sie nirgendwo sonst auf der Welt einführen. So will es eine Drogen-Einheitskonvention der Vereinten Nationen aus dem Jahr 1961. Wer es tut und erwischt wird, der bekommt im deutschsprachigen Raum ein Verfahren wegen Verstoßes gegen das Betäubungsmittelgesetz an den Hals, das später zumeist wegen Geringfügigkeit eingestellt wird.

Während der Fahrt vom Flughafen die *Autopista* hinunter ins Stadtzentrum wird man sich der Einmaligkeit der »Metropole im Topf« bewusst; am schönsten ist es bei Dunkelheit, wo man in das Lichtermeer regelrecht eintaucht. Darüber thront das sechseinhalbtausend Meter hohe Wahrzeichen, der Illimani.

Es handelt sich um einen Kessel, an dessen Wänden sich eine Stadt eingenistet hat, mit Häusern, wie aus einem Becher hineingewürfelt. Im Zentrum stehen Kolonialhäuser und schmucke Villen im Jugendstil neben verglasten Wolkenkratzern, dazwischen unverputzte Ziegelfassaden. Weiter oben fallen die vielen »Halbfertighäuser« auf: Man baut, so lange das Geld reicht. Was fertig ist, kann schon mal bezogen werden. Armierungseisen weisen dann hoffnungsvoll gen Himmel, in die Zukunft. Und für die Gegenwart gilt Steuerfreiheit, so lange sich das Haus noch im Bau befindet. Erst das Fressen, dann dic Ästhetik, könnte man frei nach Bertolt Brecht sagen.

Apropos weiter oben: In dieser Stadt gibt es nur oben und unten, rauf oder runter. Tausend Meter Höhenunterschied liegen zwischen El Alto und den Villenvierteln, wie *Calacoto* und *La Florida*, in der *Zona Sur*. Regnet es heftig, so können sich die

Straßen in regelrechte Sturzbäche verwandeln, werden in den unteren Stadtvierteln die Kanaldeckel herausgeschleudert, wenn sie dem Druck nicht mehr standhalten. Oben und unten, das gilt auch für die sozialen Gegensätze - allerdings mit umgekehrtem Vorzeichen: je weiter oben, desto ärmer.

Der »Topf« hat einen »Deckel«. Das heißt, streng genommen handelt es sich um zwei Städte, wobei der »Deckel« bald größer sein wird als der »Topf«. Jeden Morgen ergießt sich ein schier endloser Strom von Kleinbussen von El Alto die *Autopista* hinunter: Das Heer von Hausangestellten, Hilfsarbeitern und ambulanten Händlern; gut 100 000 sollen es sein. El Alto ist eine Satellitenstadt, wie es viele gibt in Lateinamerika: Auffangbecken für verarmte Bauern und entlassene Minenarbeiter, Schlafsaal für die, die einen Neuanfang geschafft haben, unten in der Stadt. Im ärmsten Land des Halbkontinents, so sollte man glauben, sei die Situation besonders schlimm, und doch gehen die Uhren in El Alto etwas anders.

Um die Jahrhundertwende gab es auf der Hochfläche oberhalb von La Paz nur einige *Haziendas* und erste Industriebetriebe. Mit zunehmender Landflucht kochte der Kessel dann sozusagen über, und die Häuser schwappten hinaus auf das kalte, stürmische *Altiplano*. Erste Siedlungen entstanden. Um 1950 wohnten dort 11 000 Menschen. Ende der fünfziger Jahre bekamen die Ersten von ihnen Anschluss an Elektrizität- und Trinkwasserversorgung.

Mit der Krise der Landwirtschaft und dem Niedergang des Bergbaus schwoll der Zustrom weiter an. Heute hat El Alto fast 700 000 Einwohner und ist damit nach La Paz und Santa Cruz die drittgrößte Stadt des Landes.

Durch einen Kongressentscheid vom 20. November 1988 wurde El Alto eine selbständige Stadt mit eigener Verwaltung und Bürgermeister. Der Kontakt zu den Wählern ist seither viel direkter; man muss sich mehr um deren Bedürfnisse kümmern. Abgesehen davon, dass im rauen Klima des *Altiplano* ein Überleben in Siedlungen aus Bretterbuden und Pappkartons sowieso undenkbar und dass El Alto noch immer eine Problemstadt mit einer mangelhaften Infrastruktur ist: Im letzten Jahrzehnt ist hier viel geschehen. El Alto unterscheidet sich damit erheblich von den »Slums« anderer Großstädte. Das hat zwei Ursachen, die beide letztlich im Wesen der Migration beziehungsweise in der soziokulturellen Kraft der zuwandernden Menschen liegen.

Cholo, umgangssprachlich ein Schimpfwort für »Mischling«, steht als soziologische Kategorie für Personen zwischen den Kulturen: Von den Dörfern oder den Bergarbeitersiedlungen, mit ihren engen Formen sozialen Zusammenhalts, kommen sie in die Großstadt, wo sie mit anderen Werten und Normen konfrontiert sind; für viele bedeutet das auch: mit einer neuen Sprache. Die Quetschua oder Aymara sprechenden Indios müssen sich in der Welt des Spanischen zurechtfinden.

Cholo steht auch für die damit verbundene Verunsicherung und Individualisierung. Doch diese Individualisierung geht einher mit einer fast instinktiven Suche nach sozialem Zusammenhalt. Aus uralten indianischen Formen dörflicher Gemeinschaftsarbeit wurden hier nun Nachbarschafts-Vereinigungen, die sich selbst um die Stadtteilprobleme kümmerten, wo der Staat versagte oder einfach kein Interesse zeigte. Seit der Revolution von 1952 und der Landreform von 1953 sind sogar die Kleinbauern Boliviens »gewerkschaftlich« organisiert, eine Tradition, die sie mit in die Stadt bringen. Und: Besonders nach dem Zinnkrach von 1985 und dem Niedergang der staatlichen Bergbaugesellschaft COMIBOL kamen in großer Zahl *Mineros* nach El Alto. Sie brachten den Hintergrund der stärksten und kämpferischsten Arbeiterbewegung des Kontinents mit. So gibt es in El Alto neben den Nachbarschafts-Vereinigungen Zusammenschlüsse von Ex-Bergarbeitern, Jugendgruppen, Hausfrauenkomitees, »Gewerkschaften« von Straßenhändlern, Besenbindern et cetera.

Diese organisierte »zivile Gesellschaft« war eine wesentliche Triebkraft für die Eigenständigkeit von El Alto, und sie hält Politik und Verwaltung weiterhin auf Trab. Die Protest- und Blockadeaktionen in El Alto waren für den Sturz des Präsidenten »Goni« Sanchez de Lozada im Oktober 2003 entscheidend, weil sie die Versorgung von La Paz mit Lebensmitteln und Benzin unterbrachen. Und sie waren von den beiden großen Oppositionsparteien weitgehend unabhängig.

Dem steht der Individualismus und der sprichwörtliche Geschäftssinn der *Cholos* zur Seite. Entlang der Haupt- und Einfallstraßen hat sich manche kahle Absteige über die Jahre zum sauber verputzten Hotel entwickelt, sind aus ölverschmierten Bretterverschlägen mit der Zeit moderne

Kraftfahrzeug-Reparaturbetriebe geworden, entstanden Geschäfte mit Leuchtreklame, werben inzwischen auch Ärzte und Rechtsanwälte um Kundschaft.

Zwar ist und bleibt man ein Anhängsel von La Paz – und versteht sich auch so. Doch hat sich ein eigenständiges, offensives Bewusstsein entwickelt für »wir da oben« und »die da unten« in *la ollada* – der Niederung, Grube oder dem Loch, wie die Alteños zu La Paz sagen. Ein Bewusstsein, das nicht an den Stadtgrenzen Halt macht und sich im Grunde von den *gente bien*, den Leuten aus gutem Hause, abgrenzt.

Als solche versteht sich eine Oberschicht von vielleicht 150 (weißen) Familienclans, die seit vielen Jahrzehnten die politischen und wirtschaftlichen Geschicke des Landes bestimmen – sehr zum eigenen Vorteil, selten zu dem des Landes und seiner Menschen. So ist es in der jüngeren politischen Geschichte Boliviens durchaus vorgekommen, dass der uniformierte Cousin seine zivile Cousine hinwegputschte und der oppositionelle Neffe den Onkel im Präsidentenamt ablöste.

La gente bien verstehen sich traditionell als Hort von Kultur und Zivilisation in der bolivianischen Gesellschaft insgesamt, aber durchaus auch gegenüber den neureichen, »hemdsärmeligen Emporkömmlingen« aus dem Tiefland, den *Cambas* aus Santa Cruz, mit 1,1 Millionen Einwohnern inzwischen größte Stadt und neues Wirtschaftszentrum des Landes. Das Wort *Indio* wird nicht selten noch immer als Schimpfwort gebraucht.

Während das staatliche Pflichtschulsystem an allem gebricht, was ein funktionierendes Schulsystem ausmacht, schicken *la gente bien* ihren Nachwuchs zusammen mit den Sprösslingen ausländischer Diplomaten, Geschäftsleute und Entwicklungshelfer auf sündhaft teuere Privatschulen: die nordamerikanische, die kanadische oder die deutsche Schule, auf dass sie später in Deutschland, Kanada oder den Vereinigten Staaten studieren. Dort wohnt womöglich auch ein Onkel oder die Oma, dort hat man sein Bankkonto (eine fünfstellige Rekordinflation liegt zwar bald zwei Jahrzehnte zurück, aber noch immer schwer in den Knochen), und dorthin fliegt man zum Großeinkauf. Nicht zufällig heißt der Schwarzmarkt für Elektroartikel in La Paz im Volksmund *Miamicito*, Klein-Miami - in Anlehnung an das Konsumverhalten der gehobenen Gesellschaft, denn dominiert wird der *Miamicito* von *Cholos*.

Längst kontrollieren *Cholos* große Teile des Transportwesens - und das Marktgeschehen sowieso. Wenn sie nicht gerade zum Vergnügen persönlich in der Hand voll neu entstandener *Shopping Malls* und *Supermercados* einkaufen, dann versorgen sich auch *la gente bien* hier. Denn ihren Haushalt - einschließlich der alltäglichen Einkäufe - besorgt die *Empleada*, die Hausangestellte, meist eine *Cholita* aus El Alto.

Auf üppigen *Fiestas*, die jeweils von einem Sponsor »geschmissen« werden, lassen die *Cholos* in wilden Trinkgelagen demonstrativ »die Sau raus«, um zu zeigen, dass sie die eigentlichen Herren von La Paz sind. Das wichtigste dieser Feste ist das zu Ehren von *Nuestro Señor de la Gran Poder* (Unser Herr der großen Macht). Im Jahre 1939 als Kerzenprozession begonnen, entwickelte sich

Gran Poder, wie es kurz genannt wird, schnell zu einem Volksfest. Am ersten Samstag nach Pfingsten findet den ganzen Tag über gut zwölf Stunden lang ein großer Umzug von Maskentänzern und Blechblasorchestern statt, die europäische Marschmusik und Anden-Pentatonik auf schrille Weise verknüpfen: übrigens die eigentlich populäre Folklore des Hochlandes, jenseits von *El Condor Pasa*-Melancholik.

Schließlich jagten die *Cholos* dem politischen Establishment einen ordentlichen Schrecken ein, als sie die populistische Partei des Bänkelsängers und Fernsehmoderators Carlos *Compadre* Palenque in El Alto zur mit weitem Abstand stärksten politischen Kraft wählten. Die Parteigänger reden sich mit *Compadre* an, was so viel bedeutet wie »Gevatter«. CONDEPA - Abkürzung für »vaterländisches Gewissen« - hatte sich über den Tod von Compadre Palenque hinaus landesweit etabliert, und Palenques Frau war zwischenzeitlich sogar Bürgermeisterin von La Paz.

Fest etabliert hat sich auch eine zweite politische Neuerscheinung, die »Zivile Solidaritätsunion« (UCS) des mittlerweile bei einem Flugzeugabsturz verunglückten Max Fernandez. Fernandez, Besitzer der größten Brauerei des Landes und Prototyp eines erfolgreichen *Cholo*-Unternehmers, enthielt sich jedweder politischen Programmatik und warb mit Effizienz und Rechtschaffenheit um das Wählervertrauen: *Max cumple* - »Max hält, was er verspricht«. Die schlichte Botschaft dieses *Maxismus* gelangte mit den Lastwagen der Brauerei in jeden Winkel des Landes und wurde durch großzügige Spenden von öffentlichen Spielplätzen bis Freibier untermauert: durchaus berauschende, aber wohl keine zukunftsweisenden Perspektiven für Bolivien.

Doch die Show ist vorbei. Bei den Wahlen vom Juni 2002 haben die populistischen Neuparteien erdrutschartige Verluste hinnehmen müssen; CONDEPA verlor gar den Parteistatus. Krass abgestraft wurden auch die Altparteien. Die größte Partei der vorangegangenen Regierungskoalition, die ADN des verstorbenen Ex-Diktators Hugo Banzer, schrammte mit nur 3,39 Prozent haarscharf an der politischen Bedeutungslosigkeit vorbei. Politische Neuerscheinungen, die sich in Abgrenzung von den diskreditierten Altparteien ausdrücklich als »Bewegungen« verstehen (und nicht als Parteien), erreichten auf Anhieb mehr als 50 Prozent der Stimmen. Zählt man 27,94 Prozent der Nicht-Wähler hinzu, die den Urnen trotz gesetzlicher Wahlpflicht fern geblieben sind, so wird das ganze Ausmaß der Legitimationskrise des traditionellen Parteiensystems deutlich.

Jene Altparteien sind, das muss vorausgeschickt werden, noch gar nicht so alt. Die traditionsreichste, das *Movimiento Nacionalista Revolucionario (MNR),* war die Partei der Revolution von 1952; alle anderen stammen aus der Zeit der Militärdiktaturen (1964-82) und danach.

Politiquería, der bei politischen Diskussionen in La Paz häufig gebrauchte Ausdruck, hat keine deutsche Übersetzung, obwohl das, was er meint, auch bei uns nicht ganz unbekannt ist: *Politiquería* sind politische Machenschaften und Mauscheleien – und gleichzeitig auch jene, die da mauscheln und machen. Bei allem Kopfschütteln, Stirnrunzeln oder Schmunzeln über politische Vorkommnisse in La Paz darf man aus europäischer Perspektive nicht vergessen, dass die inzwischen gerade 20 Jahre junge bolivianische Demokratie sich beachtlich gefestigt hat und wichtige Reformen eingeleitet wurden: Wahlrechtsreform, Einrichtung einer Art Verfassungsgerichtshof, Bildungsreform und eine geradezu revolutionäre Verwaltungsreform, die zum ersten Mal in der Geschichte den Gemeinden auf dem Lande Rechtsstatus gewährt, mit eigenen Kompetenzen, eigenem Budget und großen basisdemokratischen Kontrollbefugnissen durch die Bevölkerung. Bei noch so großen Defiziten in der Praxis: Im Vergleich zu vielen Ländern Lateinamerikas und besonders zur eigenen Vergangenheit steht Bolivien damit fast als stabiles Musterland da. Aber eben nur fast. Ein großer Teil der Bevölkerung fühlt sich ausgeschlossen – und wartet auf die wirtschaftliche und soziale Dividende der Demokratie: »Von der Demokratie kann man nicht abbeißen«, hört man immer wieder.

La Paz ist nicht die höchste Hauptstadt der Welt. Entkräften lässt sich diese immer wieder abgeschriebene Behauptung freilich weder mit dem Höhenmesser noch mit der Weltkarte, sondern mit der Verfassung: Hauptstadt Boliviens ist Sucre (oder Chuquisaca, wie ihr alter indianischer Name lautet). Dort sitzt heute freilich nur noch der Oberste Gerichtshof. Alle wichtigen Staats- und Regierungsorgane haben sich um die Jahrhundertwende nach La Paz verlagert, das so zum höchsten Regierungssitz der Welt wurde.

Zu einem der bewegtesten allemal. Wie die Kolonial- und Entstehungsgeschichte von Bolivien, so ist auch die von La Paz engstens mit den Silbervorkommen des Cerro Rico von Potosí verbunden, die 1545 entdeckt wurden. Drei Jahre später wurde La Paz als Stützpunkt auf der Route Potosí-Cuzco gegründet; Goldfunde im Rio Choqueyapu sollten seine Bedeutung bald etwas aufwerten.

Auch Sucre war historisch zunächst ein auf 2 500 Metern Höhe gelegenes, vom Klima begünstigtes Anhängsel von *Villa Imperial de Potosí.* Wer immer es sich leisten konnte, verließ die eisige Metropole am Silberberg, um seine Geschäfte vom nahe gelegenen Sucre aus zu führen. Mit dem Abflauen des Silberbooms und dem zunehmenden Freiheitsdrang gewannen beide Städte an Bedeutung.

Im Jahre 1781 wurde La Paz durch sechs lange Monate hindurch von den Truppen des Tupac Catari belagert, der - zeitgleich mit Tupac Amaru (II.) - im heutigen Peru einen Indianeraufstand gegen die spanische Kolonialherrschaft in der Tradition der Inka versuchte. Als endlich Entsatztruppen von Buenos Aires her eintrafen und den Belagerungsring sprengten, war von den Verteidigern der Stadt kaum noch jemand am Leben. Tupac Catari wurde im November 1781 gevierteilt.

Der Unabhängigkeitskampf sollte andere Züge tragen, inspiriert von den Ideen der Französischen Revolution. Pedro Domingo Murillo führte im Jahre 1809 einen ersten Aufstand an. Er wurde 1810 exekutiert. Seine letzten Worte: »Die Fackel, die ich angezündet habe, wird nicht mehr ausgelöscht werden«, schmücken sein Denkmal auf dem nach ihm benannten Platz in La Paz, an dem das Parlament und der Präsidentenpalast liegen.

So kam es auch: *Alto Perú*, Hochperu, kam nicht mehr zur Ruhe. Doch mit der Befreiung sollte es noch 15 Jahre dauern - und sie kam vom Norden, von Venezuela her und dem heutigen Peru, angeführt von Simón Bolívar. Dessen Marschall José Antonio Sucre besiegte am 7. Dezember 1824 die Royalisten in der Schlacht von Ayacucho - die Befreiung Perus. Der 6. August 1825 gilt als Unabhängigkeitstag Boliviens. Doch Bolívars Traum von einem einigen Groß-Kolumbien zerbrach an der Realität rivalisierender Interessen.

Die Namensgebung für die neue Republik Bolivien war bereits eine symbolische Geste der Besänftigung an Bolívar durch Sucre. Doch auch Sucre war den lokalen Führern, den *Caudillos*, zu revolutionär, zu liberal. Sie hatten weniger Gleichheit und Brüderlichkeit im Sinn, sondern Freiheit von Krone und Vizekönig, um ihre Geschäfte ungestört weiterzuführen.

Ein Reiterstandbild Sucres steht an der Plaza del Estudiante von La Paz, am südlichen Ende des *Prado*.

Der Präsidentenpalast an der *Plaza Murillo* von La Paz heißt nicht zufällig *Palacio Quemado*, der »verbrannte« oder auch der »brenzliche Palast«. Denn was nun folgte und bis in unsere Tage hinein andauert, ist in der Geschichte ziemlich beispiellos. Letztlich ist es unerheblich, ob es nun seit der Unabhängigkeit 200 oder mehr oder weniger Regierungen waren, die das Land jeweils mehr oder weniger beherrschten. Das hängt vor allem von der Definition und der Zählweise ab: So gab es einen Tag Anfang Oktober 1970, an dem sich nicht weniger als sechs selbst ernannte Präsidenten in Amt und Würden putschten.

Besucher der *Plaza Murillo* erschauern mitunter, wenn sie vor der blumengeschmückten und mit einer Gedenktafel versehenen Laterne stehen, an der im Jahre 1946 der an sich populäre Präsident Villaroel von einer aufgebrachten Menge aufgeknüpft wurde. Im 19. Jahrhundert hatte sich gar ein System der »Regierung auf Rädern« etabliert. Die politische Ordnung war derart labil, dass man als *Caudillo* nur eine genügende Anzahl von Bajonetten hinter sich versammeln musste, um den Rivalen aus dem Präsidentenamt zu jagen. Eine reisende Regierung war in dieser Hinsicht nicht so leicht zu stürzen.

Eine besonders bizarre Blüte brachte die politische Geschichte Boliviens um die Mitte des 19. Jahrhunderts hervor: den Weiberhelden und Saufbold Mariano Melgarejo, der seinen Vorgänger eigenhändig ermordete und das Land zwischen 1865 und 1871 beherrschte. Er zog, so wissen es die Chronisten, eines Tages zu Pferde mit einer Entsatzarmee los, um Frankreich im Krieg gegen Preußen zu Hilfe zu eilen. Ein »ernüchternder« Platzregen habe dem Unternehmen freilich lange vor Erreichen der Atlantikküste ein Ende gesetzt. Zur großen Erleichterung Preußens, wie man sich vorstellen kann.

Melgarejo wird auch dafür verantwortlich gemacht, dass Queen Victoria die Beziehungen zum Andenland abbrach und angeblich seine Tilgung von allen Landkarten anordnete. Weil jener bei einem Saufgelage nicht mithalten konnte, habe Melgarejo den Botschafter ihrer Majestät auf ein Maultier gebunden durch La Paz getrieben, nackt und mit dem Kopf nach hinten.

Der Irrwitz hatte natürlich Methode: Solcherlei Regierungen waren Spielball in- und ausländischer

Mächte. Ende des 19. und Anfang des 20. Jahrhunderts waren es schließlich drei Zinnbarone: Patiño, Aramayo und Hochschild, die sich die Regierungen in La Paz nach Belieben kauften, im Ausland residierten und zu den reichsten Männern der Welt zählten. »Der Bettler auf dem goldenen Thron« hat man Bolivien auch genannt. Erst das Silber, dann das Zinn: Stets wurden die Reichtümer außer Landes geschafft und verprasst.

Erst die Revolution von 1952 hat versucht, dem Einhalt zu gebieten, das allgemeine Wahlrecht eingeführt, die Minen nationalisiert und das Land an jene verteilt, die es bebauten. Doch dieses Unternehmen war weder einfach noch unter dem Strich zunächst sonderlich erfolgreich.

In der darauf folgenden Epoche der Militärdiktaturen wurde Bolivien erneut zum Synonym für kurzlebige Operetten-Regimes. Die westliche Welt sah diesem - häufig blutigen - Treiben in der Zeit des kalten Krieges meist augenzwinkernd zu, weil es galt, den Einfluss Moskaus in der Region einzudämmen. Das kubanische Trauma von 1959 war noch frisch.

Erst als unter General García Meza mit Beteiligung international gesuchter Nazis und Neonazis, wie Klaus Barbie alias Altmann, vom *Palacio Quemado* aus das Kokaingeschäft organisiert wurde, war das Maß voll. Unter Führung der USA brach die gesamte demokratische Staatenwelt die Beziehungen zu Bolivien ab und ermöglichte die Rückkehr zur Demokratie. Und dabei blieb es seither auch: Die Leitlinien bolivianischer Politik werden weitgehend in Washington festgelegt. Von der jahrelangen Vorgeschichte, die die Machenschaften

García Mezas und seiner Kumpane hatte, ist dabei freilich nicht mehr die Rede.

Das zentral gelegene *Café La Paz*, im Erdgeschoss unterhalb des *Club La Paz*, ist noch heute Treffpunkt für Honoratioren und Politiker. Der Volksmund nennt es *Café Altmann*, in Erinnerung an die siebziger Jahre, wo der mit internationalem Haftbefehl gesuchte »Schlächter von Lyon« hier jeden Nachmittag mit seiner Entourage Hof hielt.

Noch ein Wort zur historischen Rolle des Militärs und zum *dummen Krieg*, wie die Bolivianer den Chaco-Krieg gegen Paraguay nennen, der im Jahre 1932 aus Anlass eines nichtigen Grenzstreits vom Zaun gebrochen wurde. Hintergrund waren freilich vermutete Ölvorkommen: auf bolivianischer Seite drängte Standard Oil, auf paraguayischer Shell zum Showdown. In völliger Unkenntnis der militärischen und geografischen Situation dort wurde mit viel patriotischem Brimborium eine ganze Generation junger Männer verheizt. Die wenigsten starben durch Feindeshand. Sie wurden auf endlosen Märschen durch das unbesiedelte Ödland des Chaco von Hitze, Durst, Typhus und anderen Krankheiten hingerafft. Am Ende hatte der *dumme Krieg* 60 000 Menschenleben gefordert und Bolivien 243 000 Quadratkilometer seines Territoriums gekostet. Der Schock war nachhaltig: Das Fiasko im Chaco legte den Grundstein für die Revolution von 1952.

Das Wort vom *dummen Krieg* suggeriert indessen, dass es auch einen *gescheiten* Krieg geben müsse. Für Bolivien gab es den ganz sicher nicht: Der einzige Krieg, den man gewonnen hat, war der Zweite Weltkrieg - und den kampflos. Auf Druck der Vereinigten Staaten war man 1942 der Anti-Hitler-Koalition beigetreten. Boliviens Anteil am Sieg bestand vor allem in Zinnlieferungen zu Solidaritätspreisen für die alliierte Kriegswirtschaft. Gekämpft haben dafür allein die *Mineros* in den Bergwerken.

Davon abgesehen verlor Bolivien im Laufe diverser Auseinandersetzungen mit seinen Nachbarn insgesamt mehr, als sein heute gut eine Millionen Quadratkilometer großes Staatsgebiet umfasst. Teilweise geschah dies im Zuge militärischer Auseinandersetzungen, die man stets verloren hat, wie beim besonders schmerzlichen Verlust des pazifischen Küstenstreifens an Chile im so genannten Salpeter-Krieg 1879–84. Bezeichnenderweise ist der wichtigste Kriegsheld ein Zivilist, Eduardo Abaroa - ein großer Platz im Stadtteil *Sopocachi* von La Paz ist nach ihm benannt.

Teilweise wurde Staatsgebiet von den Machthabern aber auch regelrecht verhökert; besonders dabei hervorgetan hat sich der notorische General Melgarejo.

Der Chaco-Krieg war indessen das letzte auswärtige Abenteuer des bolivianischen Militärs, das sich seither auf die Bekämpfung »innerer Feinde« verlegte. Auch dies endete in einem Fiasko, wie wir bereits wissen. Als die erste demokratisch gewählte Regierung unter Präsident Siles Suazo nach fast 20 Jahren diverser Militärmachthaber im Jahre 1982 die Amtsgeschäfte übernahm, erbte sie ein wirtschaftlich ruiniertes und international als *Narcokratie* völlig diskreditiertes und isoliertes Land.

Ironie des Schicksals: Während der am 5. Mai 2002 verstorbene, langjährige Diktator der siebziger Jahre, General Hugo Banzer, im August 1997 noch einmal als demokratisch gewählter Präsident in den *Palacio Quemado* einzog, ist Bolivien gleichzeitig das einzige Land Lateinamerikas, wo mit General García Meza ein Ex-Diktator im eigenen Lande hinter Schloss und Riegel sitzt: im Hochsicherheitsgefängnis Chonchocoro, wenige Kilometer außerhalb von La Paz auf dem *Altiplano*, verurteilt zu 30 Jahren Gefängnis wegen einer ganzen Latte von Delikten, darunter Menschenrechtsverbrechen und Kokainschmuggel.

Seit mittlerweile 20 Jahren haben diese Zustände ein Ende. Doch damit das so bleibt, scheint eine wirtschaftliche, soziale und politische Integrationsleistung überfällig. *Tranquilo*, »ruhig«, ist das geflügelte Wort, das so gar nicht zur chaotischen Betriebsamkeit einer Stadt wie La Paz passen will. Zusammen mit El Alto stellt La Paz heute eine veritable 1,5-Millionen-Metropole dar, bei 8,3 Millionen Einwohnern im ganzen Land. Eine Metropole der so genannten Dritten Welt im Zeitalter der Globalisierung, wo manchmal behauptet wird, es gebe nur mehr eine.

Hier gibt es alle drei oder vier oder noch mehr »Welten« in einer Stadt: Internetanschlüsse und Straßenkinder, Versorgungsschwierigkeiten und Kleinkunstszene, Umweltprobleme und El Alto, Schamanen und Rockmusik, Verkehrschaos und bewachte Villenviertel, die man überhaupt nur nach Voranmeldung und Gesichtskontrolle betreten darf.

Alasitas: Das Fest der Wünsche in Miniatur

Don Jaime Montoya ist aufgeregt. Eben hat er an einem der Straßenstände für umgerechnet einen Dollar einen »Pass« und ein »Flugticket« in der Größe einer Visitenkarte erstanden. Nun bahnt er sich seinen Weg durch Tausende von Menschen, die alle ein paar Tropfen Weihwasser ergattern wollen. Gleich wird der Pfarrer die Kirche verlassen, um die Miniaturen zu weihen.

Genauso wichtig ist der anschließende Segen durch einen *Yatiri*, einen der Aymara-Priester, die im nahe gelegenen Park warten. Alles duftet bereits nach den Kräutern, die sie in ihren kleinen Holzkohleöfchen verbrennen. Sie werden Don Jaimes Reiseminiaturen damit einräuchern, sie mit Bier oder rötlichem Alkohol besprenkeln, der das Blut der *Pachamama* symbolisiert. Sie werden ihnen Kokablätter beigeben und sie mit Luftschlangen und Konfetti schmücken. Dann ist die Chance groß, dass die Wünsche, die sich damit verbinden, im nächsten Jahr in Erfüllung gehen.

»Man muss vor allem fest daran glauben«, erklärt Don Jaime. Er ist Volksschullehrer und kann es sich mit seinen 100 Dollar Monatsverdienst nicht leisten, seine Tochter zu besuchen, die in Berlin lebt, auch wenn er nachts zusätzlich Taxi fährt.

Alasitas, das Fest der Wünsche in Miniaturform, wird am 24. Januar begangen. Die Miniaturen sind aber das ganze Jahr über erhältlich. Zentrale Figur ist der *Ekeko*, eine Art pausbackiger Gartenzwerg mit extrem breitem Mund und Schnurrbart, Symbol für Glück und Wohlstand. Auf seinem Rücken trug er stets Mais, Kartoffeln und andere Lebensmittel, die heute jedoch von Miniatur-Geldbündeln in Pesos und Dollar ergänzt werden. Häuser, Autobusse und Pkws, Kreditkarten, Diplome vom Soziologen zum Gynäkologen, Koffer für Reiselustige: Der Palette der Symbole sind keine Grenzen gesetzt. Häufig steckt eine Zigarette zwischen seinen Lippen - und immer ist er mit Luftschlangen, Konfetti und Kokablättern geschmückt. Dergestalt ist der *Ekeko* ein wahrhaftiger Gott des Hausrats, der Fülle und des Wohlstands.

»Seine Beine sind so kurz, damit das Glück nicht davonlaufen kann«, sagt Don Jaime und lacht verschmitzt.

Straße in den Yungas

Yungas: Die Straße am Abgrund

Im Schritttempo keucht der Motor die steile Straße empor, die vom Regen aufgeweicht ist. Vor jeder Linkskurve wird möglicher Gegenverkehr durch ein ausgedehntes Hupkonzert gewarnt. In den Rechtskurven schrammt der linke Außenspiegel oft nur um Zentimeter an der Felswand vorbei, während der Blick aus dem Seitenfenster dem Beifahrer die Schweißperlen auf die Stirn treibt: Von der Fahrbahn ist nichts mehr zu sehen; der Blick findet erst einige Hundert Meter tiefer im Schluchtgrund wieder Halt.

Nein. Angst habe er keine. Wenn es ihn eines Tages träfe, dann wäre das halt Schicksal, meint Dionysio, Lastwagenfahrer auf einer der gefährlichsten Straßen der Welt.

Die Yungas-Straße verbindet das amazonische Tiefland Boliviens mit der Hochebene des *Altiplano*. Nur hundert Kilometer Luftlinie trennen den Umschlagplatz Caranavi vom Zielort La Paz, doch dabei gilt es mehr als 4 000 Höhenmeter zu überwinden. Nur selten breiter als ein Feldweg, führt eine der Lebensadern Boliviens knapp 300 Straßenkilometer über Staub, Lehm und Fels an Schwindel erregenden Hängen des Ostabbruchs der Königskordillere entlang.

Die gewaltige Landschaft bildet gleichzeitig eine Wetterscheide, wo die feuchtheiße Luft Amazoniens kondensiert und abregnet. Nur selten überschreiten die Wolken die Sechstausender-Kette der Kordillere, und das 4 000 Meter hoch auf der Westseite gelegene *Altiplano* zeichnet sich durch Trockenheit und karge Vegetation aus. Demgegenüber führt die Yungas-Straße in ihren oberen Abschnitten durch einen triefenden Nebelwald, der lebende Fossilien wie meterhohe Farnbäume beherbergt, und wo selbst senkrechte Felswände bemoost sind.

Die *manqha yunkas*, wie die Inkas sie nannten, die heißen Täler der Andenabhänge, wurden von den andinen Hochkulturen stets mit Krankheit und Tod assoziiert. Die Hochlandindios vertrugen das feuchtheiße Klima mit seinen Insekten und Krankheitserregern nicht. Im Inkareich wurden Bauern in die Yungas abkommandiert, um dort den Anbau verschiedener Früchte und vor allem Koka zu besorgen, die ihre traditionellen Anbaugebiete mit Terrassenkulturen in Höhenlagen zwischen 1000 und 2 000 Metern hat.

Mit der Erschließung der Minen auf dem *Altiplano* durch die Spanier erlebte der Kokaanbau einen Boom. Yungas-Ortschaften wie Coroico, Chulumani und Coripata wurden zum Sitz einer wohlhabenden und einflussreichen Landaristokratie. Neben den Besitzern der großen Koka-Haziendas waren es vor allem die Transporteure, die mit der Koka Geld verdienten. Drei Tagesmärsche brauchten die Muli-Karawanen bis nach La Paz.

Für die Masse der indianischen Arbeiter blieben die Yungas dagegen ein unattraktiver Ort, wohin überwiegend »Aussteiger« gingen, die in ihren Heimatdörfern auf dem *Altiplano* Probleme hatten.

Mit dem Bau der Straße nach Coroico wurde erst in den dreißiger Jahren des 20. Jahrhunderts begonnen. Von Anfang an war es eine Straße des Todes. Für die gefährliche Knochenarbeit wurden Kriegsgefangene aus dem sinn- und glücklosen Chaco-Krieg gegen Paraguay eingesetzt. Kurz hinter der Ortschaft Chuspipata, wo die Straße mit 500 Meter hohen, senkrechten Felswänden in unzugängliche Schluchten abbricht, erinnert ein grauer Zementblock an die »Märtyrer der Demokratie«. Nach einem gescheiterten Putschversuch gegen Präsident Villaroel waren hier bei Kilometer 162 am 19. November 1944 die Protagonisten in den Abgrund geworfen worden. Das brutale Vorgehen der Militärs war damals Auftakt zu einer Erhebung, an deren Ende Villaroel knapp zwei Jahre später von einer wütenden Menschenmenge aus dem Präsidentenpalast gezerrt und an einer Laterne aufgehenkt wurde.

Bis unterhalb von Coroico folgt die Straße einer projektierten Eisenbahntrasse, die die Viehranches des Departments Beni mit der Hauptstadt La Paz verbinden sollte. Ein Teil der Gleise war bereits verlegt und Bahnhöfe gebaut, als Mitte der sechziger Jahre der aus Cochabamba stammende General Barrientos an die Macht kam und beschloss, dass die Gleise wieder abgebaut und dorthin verlegt werden sollten. Die Versorgung der Hauptstadt mit Frischfleisch aus dem Beni besorgte weiterhin eine abenteuerlich veraltete Flotte so genannter Fleischbomber auf dem Luftwege.

»Das Paradies am Ende der Straße der waghalsigen Teufel«: Mit bedruckten T-Shirts wirbt die

Sommerfrische Coroico um Besucher. Oberschichtsfamilien aus La Paz und Rucksacktouristen verbringen hier in 1700 Metern Höhe gerne ein paar Tage im Warmen und Grünen - mit Aussicht auf die Eisriesen der Kordillere. Eine einstige SDS-Aktivistin aus Berliner APO-Zeiten betreibt ein Hotel; ein Bäcker aus Borken servierte bis vor kurzem Schwarzwälder-Kirschtorte und vegetarische Pizza.

Der Aufdruck der T-Shirts ist freilich gemogelt: Was ein Paradies ist, darüber gehen die Meinungen bekanntlich auseinander. Jedenfalls liegt Coroico acht Kilometer abseits der Yungas-Straße und auch nicht an ihrem Ende, sondern am Ende der spektakulärsten Abschnitte, wo nach Niederschlägen Wasserfälle auf die Fahrbahn platschen und die Reifen der großen Lastwagen ihr Profil oft nur wenige Zentimeter von atemberaubenden Abbrüchen in den Boden graben - sofern sie überhaupt noch Profil haben.

Als waghalsige Teufel mögen sich manche der Wochenendausflügler fühlen, die nach durchzechter Nacht beschwingt am Sonntag in ihren Jeeps die Heimreise antreten. Sie stellen einen guten Teil der Opfer, die fast immer Todesopfer sind, weil es an den Steilhängen meist kein Halten gibt - und einen Rettungsdienst schon gar nicht. Mehr als hundert Tote soll es im Durchschnitt pro Jahr auf der Strecke geben; eine Statistik darüber existiert allerdings nicht.

Die eigentlichen Herren der Straße, wie Dionysio, sind dagegen alles andere als waghalsige Teufel, eher Phlegmatiker. »Man muss halt vorsichtig fahren«, meint er lakonisch. Begegnen sich zwei

Fahrzeuge auf der steilen und kurvenreichen Strecke, so fahren sie häufig zunächst aufeinander zu und bleiben dann nicht selten minutenlang stehen, um zu testen, wer die größere Sturheit besitzt. Formal müssen die Hinunterfahrenden zurückstoßen oder ausweichen. Zwischen Coroico und Chuspipata herrscht dabei Linksverkehr, das heißt, sie müssen zum Abgrund hin ausweichen.

»Die meisten Unfälle passieren unter Alkoholeinfluss oder bei Übermüdung«, meint Dionysio; abgefahrene Reifen und defekte Bremsen tun ein Übriges. Für die Profis haben die Steilwände des oberen Streckenabschnitts ihre Schrecken verloren. »Ob man 500 Meter oder 50 Meter den Abgrund hinunterrauscht, ist schließlich doch egal«, kommentieren die Fernfahrer die angeblich harmloseren restlichen 100 Kilometer von Coroico hinunter nach Caranavi.

Das 10 000-Seelen-Nest Caranavi entstand eigentlich erst, als die Straße Mitte der sechziger Jahre die damalige Pionier-Niederlassung erreichte; schon lange vorher war die Goldsuchergegend am Fuß der Andenkette von Nordwesten her über Trampelpfade erschlossen. Caranavi ist seitdem zum Brückenkopf für Reisende und Waren geworden, die aus dem riesigen, unerschlossenen Department Beni hinauf wollen nach La Paz. Die Gegend um Caranavi ist fruchtbar.

Wie früher bringen Aufkäufer die Produkte der Bauern - Ananas, Mangos, Bananen und Reis - nach Caranavi und mieten einen Lkw für den Transport. Der kostet je nach Größe zwischen 100 und 300 US-Dollar.

Zwei- bis dreimal pro Woche fährt Dionysio mit seinem Zwölftonner-Volvo, Baujahr 1964, die

Strecke. Eine Tour dauert zwölf Stunden, wenn alles gut geht, die Straße nicht wegen eines Erdrutsches gesperrt ist oder am Wagen ein Defekt auftritt. Dafür bekommt er gut 100 US-Dollar im Monat plus den Fahrpreis für Passagiere, die er auf der Ladefläche mitnimmt.

Die Bauern erhalten für 1000 Mango in Caranavi nur etwa 15 Dollar, während der Aufkäufer dafür in La Paz 50 Dollar bekommt. Der Anbau ist daher unattraktiv. Nur Aufkäufer und Spediteure verdienen an der Situation.

Eine neue Straße sollte im angebrochenen Jahrtausend Erleichterung bringen. Der engste und steilste Streckenabschnitt zwischen Chuspipata und Coroico wird dabei durch eine 49 Kilometer lange Asphaltstraße mit 22 Tunnels und acht Brücken umgangen. Des extremen Geländes wegen wird sie mit einem Kilometerpreis von rund zwei Millionen US-Dollar eine der teuersten Straßen werden. Die Bauzeit war auf fünf Jahre projektiert, die Kosten sollten etwa 96 Millionen US Dollar betragen. Etwa die Hälfte der Finanzierung wird die deutsche Kreditanstalt für Wiederaufbau beisteuern. Mit dem Projekt soll langfristig die Anbindung des bolivianischen Tieflands an eine geplante Atlantik-Pazifik-Achse geleistet werden.

Ob - und wenn ja, dann wann - die »Todesstraße« durch die Yungas einmal Geschichte sein wird, ist freilich noch immer ungewiss. Auch drei Jahre nach dem Ablauf der ursprünglich geplanten fünf Jahre Bauzeit ist ein Ende noch lange nicht abzusehen.

Cholitas: Die Herrinnen der Märkte

»Trucha rosada del lago!«, die schmackhafte Forelle mit dem rosa Fleisch aus dem Titicacasee, preist die Marktfrau an, während ich vorbeigehe. *Qué va llevar, joven,* »was darf es sein, junger Mann«, begrüßt mich ihre Nachbarin und schmeichelt kokett meinem Alter. Wie auf ein Zeichen fangen beide zu kichern an, dass selbst die polierten Äpfel in der Kiste zu hüpfen beginnen möchten. Wer weiß schon, welche Witze sie über den *Gringo* reißen, der hier immer seine Einkäufe macht, auf dem *Mercado Sopocachi* im gleichnamigen Bohème-Viertel von La Paz: Der hat wohl keine Frau, weil er selbst einkaufen muss? Und Geld wohl auch keines, denn sonst würde ja die *Empleada*, die Haushälterin, den Einkauf besorgen. »Seltsame Vögel, diese *Gringos*«, mögen die *Cholitas* denken.

Cholita: Der Diminutiv scheint für diese gestandenen Mestizo-Frauen eher unangemessen. *Cholo* oder *Chola* - ohne Diminutiv - wäre hingegen ein abfälliges Schimpfwort für »Mischling«. *Casera* sagen daher die *Paceños* respektvoll, im Sinne von »Hausherrin« oder »Chefin«. Und Chefinnen sind es fürwahr. Auf dem Markt und auch zu Hause. Mit ihren sieben übereinander getragenen Röcken und dem schief auf dem Kopf sitzenden Bowler (oft ist er mit einer Nadel im Haar angesteckt) sitzen sie matronenhaft hinter ihrer Ware, halten das

Geld und die bolivianische Gesellschaft zusammen. Sie versorgen die Stadt mit Obst und Gemüse auf dem *Mercado Rodríguez,* mit Stoffen auf der *Calle Max Paredes*, mit Glücksbringern, allerlei Heilkräutern, obskuren Aphrodisiaka und getrockneten Lamafeten für das Fundament beim Hausbau am Zaubermarkt um die *Calle Linares.* Sie verkaufen Kokablätter aus den nahen Yungas, nachgemachte Levis-Jeans aus Brasilien und Unterhaltungselektronik auf dem *Miamicito*, dem Klein-Miami-Markt, wie er in Anlehnung an die Einkaufsgewohnheiten der reichen Oberschicht heißt. Nicht selten ziehen diese selbstbewussten und resoluten *Cholitas* beachtliche Geldbündel hervor.

Längst kontrolliert eine Mestizo-Mittelschicht nicht nur das Marktgeschehen, sondern auch das Transportwesen, Überland-Buslinien, städtische Kleinbusse und Taxis. Untereinander sprechen die traditionsbewussten Marktfrauen nur Aymara, und nie würden sie ihre Tracht gegen westliche Kleidung tauschen. Die das tut, gilt bei ihnen als *birlocha*, wörtlich: »Leuchtrakete«; wir würden sagen: »Knallbonbon«.

Die Männer, die La Paz auf ihren Schultern tragen

Es ist 4.30 Uhr morgens, als Felipe Delgados Füße den kalten Zementboden berühren. Seine Lehmziegelhütte bietet nur wenig Schutz gegen die frostigen Temperaturen, die hier oben in El Alto herrschen, der über 4 000 Meter hoch gelegenen Satellitenstadt von La Paz. Felipe »ordnet seine Knochen«, wie er es nennt, trinkt etwas Wasser mit Sultaninengeschmack, das er auf einem Gaskocher gewärmt hat, und schiebt ein Stück Brot von gestern ein. Dann macht er sich auf den Weg, hinunter in den Kessel, *la ollada*, zu den Märkten von La Paz.

Noch bevor es dämmrig wird, trifft er beim Zentralfriedhof seine Kollegen, die mit Säcken und Stricken ausgestattet auf die Lastwagen warten, die die Millionenstadt versorgen. Hier, am größten Lebensmittelmarkt der Stadt, dürften es etwa 300 *aparapitas* sein, die sich ihr tägliches Brot verdienen wollen. Um neun, wenn die Marktstände eingerichtet und mit Gütern versorgt sind, wird Felipe dann frühstücken, nachdem er bereits ein Universum von Waren durch die engen Gassen des *Mercado Rodríguez* getragen haben wird: »Von da nach dort«, wie er sagt.

Arriba, abajo – »rauf und runter«: In La Paz, der Stadt mit den tausend Metern Höhenunterschied, die sich an den Wänden eines Kessels eingenistet hat, gibt es nur rauf oder runter. Ebene Wege sind die große Ausnahme.

»Was, so teuer? Bist du vielleicht ein Auto?«, keift eine Frau, der Felipe ihre Taschen und Bündel acht Blöcke weit hinuntergetragen hat, zur *Plaza San Pedro*. »Wir verlangen keine festen Tarife«, sagt Felipe. Und wenn sie uns fragen, sagen wir: »Was Ihnen Ihr Gewissen sagt.« Einen Boliviano, umgerechnet gut zwanzig Cent, hatte er erst auf wiederholte Nachfrage der Frau für diese Feuerprobe seiner Achillessehnen berechnen wollen. Es gibt keine Schuhsohlen, die das aushalten. Felipe trägt zusammengeflickte Sandalen aus Autoreifen.

El aparapita, »der Tragende« in der Sprache der Aymara-Indianer, ist zur klassischen Figur geworden. Mit seinem Roman »Felipe Delgado« hat ihm der kürzlich wiederentdeckte bolivianische Dichter Jaime Saenz (1921–1986) ein literarisches Denkmal gesetzt: »Er hatte Flicken in allen Größen und Formen; aus den verschiedensten Stoffen, aber immer in derselben Farbe. Felipe Delgado sah Flicken, so klein wie ein Fingernagel und so groß wie eine Hand; er sah Flicken aus Leder und aus Samt, aus Nesselstoff, aus Flanell, aus Seide, aus Scheuerlappen, aus Wollstoff, aus Segeltuch, aus Gummi, aus Cord, aus Jute, aus Gamsleder, Leinwand und Wachstuch. Er sah Flicken, die waren kreisrund, viereckig, dreieckig und vieleckig, einige hervorragend eingepasst, einige hässlich, andere hübsch, aber alle sehr fest genäht und – selbstverständlich – mit den allerverschiedensten Materialien: Faden, Pitahanf, Bindfaden, Elektrokabel, Schnürsenkel, Draht oder feinen Lederstreifen. Mit einer Mischung aus Angst und Ekel sah er in dieser Gemeinschaft von Flicken manchmal ein lebendes Gewebe, und er stellte sich vor, dass dies ohne Zweifel der Anblick sein müsse, wie ihn ein Körper bietet, der im Grab verfault.«

Der inzwischen zum Kultautor avancierte Literat des Todes und der Nacht pflegte sich aristokratisch zu kleiden, bevor er abends das Haus verließ, um in den *boliches* (Kneipen) der *aparapitas* mit ihnen zusammen den selbst gebrannten Fusel aus Plastikkanistern zu saufen. Mehr als einmal wachte Saenz morgens in der Gosse auf.

Unser exemplarischer Felipe Delgado des 21. Jahrhunderts ist inzwischen vom Mehlstaub ganz weiß, denn die Ladung hält nicht immer dicht. Zwei Bolivianos, 40 Cent, bekam er dafür, dass er einen gewaltigen Mehlsack zu einer Bäckerei oberhalb der *Plaza Murillo* trug: zehn Blöcke hinunter zur *Plaza San Franzisco*, dann wieder sieben Blöcke hoch. Kartoffeln, sagt er, seien ihm lieber. Da verteilt sich die Last besser am Rücken. Mehl, Zucker oder Zement bilden dagegen eine einheitliche Masse. Kühlschränke, Fernsehapparate und dergleichen sind noch sperriger, aber meist nicht so schwer. Balken schleppen für Baustellen ist sehr attraktiv: »Schwer, aber gut bezahlt«, erzählt Felipe Delgado: »Da muss man nicht den ganzen Tag kreuz und quer durch den Markt rennen.« Früher habe er das auch gemacht. Aber heute schaffe er es physisch nicht mehr, gesteht er – legt das Gesicht in Falten und schultert mit einem tiefen »Huuups« einen Gefrierschrank: »Das Gleichgewicht ist das Wichtigste, unsere Strategie«, sagt Felipe Delgado. Hundert Kilo oder mehr laden sich die *aparapitas* manchmal auf, so viel wie ein Pferd. Aber selten tragen sie am Ende eines Tages mehr als zehn Bolivianos nach Hause, das sind knapp zwei Euro.

Schlechte Ernährung, geringe Muskelmasse, wenig Schlaf und eine herkulische Dauerbelastung für Muskeln, Sehnen und Gelenke können irreparable Schäden verursachen. Ein Unfall, eine Verletzung oder eine Krankheit stellen immer eine existenzielle Bedrohung dar. Jeden Arztbesuch zahlt man aus eigener Tasche. Eine Versicherung gibt es nicht. Obwohl es von Tag zu Tag zum Leben reicht, sind Felipe und seine Kollegen alles andere als zufrieden, vor allem nicht, wenn sie wieder einmal *indio de mierda* geschimpft werden: »Scheißindio!« »Sie behandeln uns wie Maulesel, als ob wir nicht auch Menschen wären«, klagt Felipe über manche seiner Kunden.

Um 17 Uhr macht sich Felipe auf den Heimweg. Morgen ist eine Haushaltswarenmesse oben in El Alto, Hochkonjunktur für ihn und seine Kollegen. Andrés bleibt noch: »Ohne Fleiß, kein Preis«, sagt er sinngemäß. Er braucht das Geld. Er spart, denn er will oben an der Ausfallstraße eine Reifenflickerei aufmachen.

Der Comandante in seinem Labyrinth

Das Flüsschen Nancahuazú führt durch ein unerschlossenes Dschungelgebiet im Südosten Boliviens. Hier und da ein gottverlassenes Nest. Auf isolierten Höfen meist bauen die Bauern Mais an und leben von der Schweinemast. Daran hat sich im letzten Vierteljahrhundert nicht viel geändert.

Im Sommer 1966 hatten hier zwei Brüder ein Stück Urwald erworben und eine abgelegene Wellblechhütte bezogen, die *casa calamina*. Sie errichteten Schuppen und bauten einen Fahrweg, auf dem von Zeit zu Zeit Lastwagen Ausrüstungen anlieferten. Bei den Behörden im nahen Ort Lagunillas wussten sich die beiden durch ihre Freigiebigkeit in Szene zu setzen.

Was die Beamten nicht wussten: Die beiden waren Guido »Inti« und Roberto »Coco« Peredo, zwei hochrangige Dissidenten der kommunistischen Partei Boliviens, und was sie vorbereiteten, war keine Landwirtschaft, sondern nichts weniger als der revolutionäre Umsturz in ganz Lateinamerika. Sie handelten im Auftrag von »Comandante Ramón«, der später als dicklicher Arzt, mit Hornbrille und ohne Bart, mit einem falschen uruguayischen Pass einreiste und der kein anderer war als der totgesagte Weltrevolutionär und frühere Industrieminister Kubas, Ernesto »Che« Guevara.

Ernesto Guevara wurde 1928 in Argentinien als Sohn verarmter Aristokraten geboren. Er wuchs in einer humanistischen und gesellschaftlichen Konventionen gegenüber rebellischen Atmosphäre auf. Die Guevaras ergriffen während des Spanischen Bürgerkrieges Partei für die Republikaner und unterstützten daheim die sozialreformerische Politik Juan Peróns. Ernesto war ein schwächliches Kind und litt an chronischem Asthma. Im Alter von 19 Jahren begann er in Buenos Aires mit dem Studium der Medizin, »weil man«, wie er sagte, »mit einem Leiden umso eher fertig wird, je besser man es kennt«. Charakteristisch für seinen ungestümen Humanismus waren intensive Versuche, im Alleingang ein Heilmittel für seine krebskranke Mutter zu finden.

Mittellos wie er war, brachten ihm seine Wanderjahre als Tramp und Lepraarzt die soziale Wirklichkeit Lateinamerikas hautnah. Der radikale Menschenfreund Dr. Guevara gelangte so zu der Überzeugung, dass die Leiden der Menschheit ihre Ursachen in den gesellschaftlichen Verhältnissen haben. »Niemals konnte ich mich damit abfinden, dass ein Mensch sein Leben lang wie ein Mistkäfer seine Dreckskugel rollt. Ein solches Leben ist schlimmer als der Tod«, schrieb er.

Frustriert von ersten Erfahrungen mit reformistischen Parteien, denen er Korruption vorwarf, tauschte er den Arztkoffer gegen das Gewehr. Er schloss sich den Brüdern Castro an, die im November 1956 mit einer Gruppe von 82 Exilkubanern von Mexiko aus auf der Jacht »Granma« nach Kuba übersetzten, um dort die Batista-Diktatur zu stürzen. Die Gruppe wurde sogleich entdeckt und bis auf 18 Überlebende aufgerieben. Doch diese 18 bildeten in den folgenden beiden Jahren den Kern einer erfolgreichen Guerilla: Immer breitere Bevölkerungsgruppen schlossen sich an, und Che erwarb sich einen legendären Ruf als draufgängerischer *Comandante.*

Nach dem siegreichen Einzug in Havanna wurde er Präsident der Nationalbank und Industrieminister. Mit seinem Spitznamen »Che« zeichnete der Nonkonformist auch die Banknoten. (»Che« ist so genannter Abtönpartikel, ist eine Besonderheit des argentinischen Umgangsspanisch zur unbestimmten Bekräftigung einer Aussage im Sinne von »he«, »du da«, »hör mal«.)

Der Comandante mit dem Silberstern auf der Baskenmütze war als Wirtschaftskapitän eher glücklos und entzweite sich zusehends mit den Brüdern Castro. Während diese angesichts des US-Embargos und der Invasion in der Schweinebucht die Revolution auf Kuba stabilisieren wollten und sich dazu an Moskau anlehnten, drängte der Argentinier auf die Ausweitung der Revolution, die nur als Weltrevolution überleben könne. »Schafft zwei, drei, viele Vietnam«, lautete sein Programm, das den Imperialismus zwingen würde, seine Kräfte zu zersplittern. Notfalls reiche eine kleine Gruppe entschlossener Kämpfer aus, um, wie in Kuba, das revolutionäre Feuer zu entfachen. Blutvergießen, Tod und Zerstörung waren für ihn der unvermeidliche Preis der Freiheit.

Im Zeitalter des Atomkrieges wurde er damit für die orthodoxen kommunistischen Parteien des real existierenden Sozialismus zum unhaltbaren Abenteurer. Seit 1963 unterhielt er Kontakte zu verschiedenen Befreiungsbewegungen Lateinamerikas. 1965 unternahm er eine Reise nach

Asien und Afrika. Nach seiner Rückkehr nach Havanna ist er öffentlich nicht mehr in Erscheinung getreten. Die Medien spekulierten, Castro hätte ihn beiseite geschafft. Selbst der US-Geheimdienst CIA hielt Che für tot.

Am 1. Februar 1967 brach Comandante Ramón alias Che Guevara mit einem Großteil seiner insgesamt 47-köpfigen Befreiungsarmee zu einem Trainings- und Erkundungsmarsch auf. In Bolivien, dem ärmsten Land auf dem lateinamerikanischen Festland, politisch chronisch instabil und mit einer starken Bergarbeiter-Bewegung, würde das revolutionäre Feuer besonders gute Nahrung finden und sich rasch auf die angrenzenden Länder ausdehnen. Neben Bolivianern und Kubanern waren daher auch Argentinier und Peruaner in der Truppe sowie die Deutsche »Tania« und der Franzose Regis Debray (später außenpolitischer Berater von Präsident Mitterand).

Von Anfang an wurden eklatante Schwächen in der Vorbereitung deutlich. Nachdem es zu keiner Einigung mit der orthodoxen bolivianischen KP gekommen war, hatte man sich für das isolierte Operationsgebiet im Süden, weitab von den Zentren der Arbeiterbewegung, entschieden, weil man Verrat fürchtete. Ortskenntnis und Kartenmaterial waren ungenügend. So mussten sich die Guerilleros oft tagelang orientierungslos durch unwegsames Dornengestrüpp kämpfen und fanden nur wenig Wild und Früchte zur Ergänzung ihrer Nahrungsmittelvorräte vor.

Als Che mit seinen hungrigen und erschöpften Männern viel später als vorgesehen zum Nancahuazú zurückkam, hatte sich die Lage schon vor

Ausbruch irgendwelcher Kampfhandlungen zugespitzt. Zwei Bolivianer waren während der langen Wartezeit desertiert, und die *casa calamina* war Drogenfahndern verdächtig vorgekommen. Eine 60 Mann starke Armeeeinheit befand sich gerade auf dem Weg dorthin. Zu allem Überfluss waren alle wichtigen Verbindungsleute im Lager und warteten auf Instruktionen. Ihr Rückweg war nun abgeschnitten, die Guerilla von der Außenwelt isoliert.

Che ging in die Offensive: Die ahnungslose Armeeeinheit geriet in einen Hinterhalt und wurde aufgerieben, gefangene Offiziere stets in Unterhosen nach Hause geschickt. Die Militärregierung unter General Barrientos war in heller Aufregung und sprach von bis zu 400 Guerillakämpfern. Doch dieser und nachfolgende militärische Anfangserfolge können nicht darüber hinwegtäuschen, dass sich die Guerilla von Anfang an gegenüber einem Großaufgebot der bolivianischen Armee, ausgerüstet und trainiert von US-Spezialisten, in der Defensive befand. Eine Situation, die Che als Konsolidierungsphase ansah, in deren Verlauf sich wachsende Unterstützung durch die Bauern als Grundvoraussetzung des Erfolges einstellen würde.

Nicht so hier: Die isolierten Kleinbauern, die man antraf, waren den Ausländern gegenüber misstrauisch. Zu der Regierung, die sie angeblich ausbeutete und von der sie sich befreien sollten, hatten sie kaum jemals Kontakt gehabt. Kein einziger Kämpfer konnte gewonnen werden; die Nahrungsmittelversorgung war prekär, und man konnte Kranke und Verwundete nicht in zivile Obhut geben. Die Isolation war total. So wurde die Gruppe aufgeteilt: Ein Teil sollte versuchen, die Verletzten aus dem Kampfgebiet zu bringen. Der Kontakt mit ihnen ging verloren.

Seit der Verhaftung von Debray wusste man um die internationale Dimension der Angelegenheit. Am 30. Juni 1967 gab der Heereschef bekannt, dass Che Guevara der Anführer sei. Die US-Militärhilfe nach Bolivien wurde ausgeweitet und eine Gruppe des 8. Bataillons der *Green Berets* ins Operationsgebiet verlegt. Die Kämpfe hatten damit die von Che gewünschte Eskalationsstufe erreicht, allerdings ohne dass die Guerilla an Stärke gewonnen hätte. Weitere Deserteure wurden geschnappt und verrieten die Vorratslager. Von einem Solidaritätsstreik der Bergarbeiter und dem Massaker, das die Armee am 24. Juni 1967 unter ihnen anrichtete (unter den 70 Opfern viele Frauen und Kinder), erfuhren die Guerilleros im Radio.

Als sie in die Ortschaft Alto Seco kamen, waren Ches Männer in beklagenswertem Zustand, erinnert sich die Greisin Doña Julia, die dort noch immer eine Mischung aus Gemischtwarenladen, Restaurant und Hotel in ihrem Wohnzimmer betreibt. »Kleidung und Schuhe waren in Fetzen, die Haut vom Gestrüpp aufgerissen, wund, von Ungeziefer zerstochen und eitrig. Die meisten waren ausgezehrt, einige krank oder verwundet.« Che selbst, erzählt sie, habe die ganze Nacht unter seinen Asthmaanfällen gestöhnt, für die er keine Medikamente mehr hatte.

Es wäre ein Leichtes gewesen, sich in sicheres Dschungelgelände jenseits des Rio Grande abzusetzen. Warum man es nicht getan hat, auch als man wusste, dass die zweite Gruppe aufgerieben worden und ihnen die Armee dicht auf den Fersen war, ist rätselhaft. Stattdessen setzte sich der Rest von 17 Guerilleros fast eine Woche lang in einem Schluchtensystem bei der Ortschaft La Higuera fest, das wenig Deckung bot; bis zum rettenden Rio Grande wären es nur fünf Kilometer gewesen.

Am 8. Oktober 1967 um 13 Uhr erfolgte von den Schluchträndern her der Angriff auf die Guerilleros mit MG-Feuer und Granatwerfern. Entkommen sind schließlich zehn Mann in zwei Gruppen, darunter ein Selbstmordkommando unter »Inti« Peredo, das den Rückzug der anderen decken wollte. Ches Gewehr wurde im Kampf zerschossen, er selbst leicht verwundet und gefangen genommen. Während es zunächst hieß, er sei im Kampf gefallen, wurde er einen Tag später auf höheren Befehl aus La Paz ermordet. Die Umstände wurden nie ganz geklärt. Im Frühjahr erst war die Todesstrafe in Bolivien abgeschafft worden, und einen Schauprozess gegen Che Guevara fürchtete man wohl ebenso sehr wie die Vorstellung, ihn als revolutionäre Zeitbombe in einem bolivianischen Gefängnis zu verwahren. Selbst seinen Leichnam hat man verschwinden lassen. Nicht ohne ihn vorher zur Dokumentation des Triumphes im Leichenschauhaus des Hospitals von Vallegrande auszustellen. Dort entstanden die berühmten Fotos, die ihn mit leicht geöffnetem Mund und offenen Augen zeigen.

Dadurch wurde der Mythos erst komplett. Wolf Biermann sang vom »Jesus Christus mit der Knarre«. Keine Studentendemonstration zwischen Berlin und Berkeley, die sein Konterfei

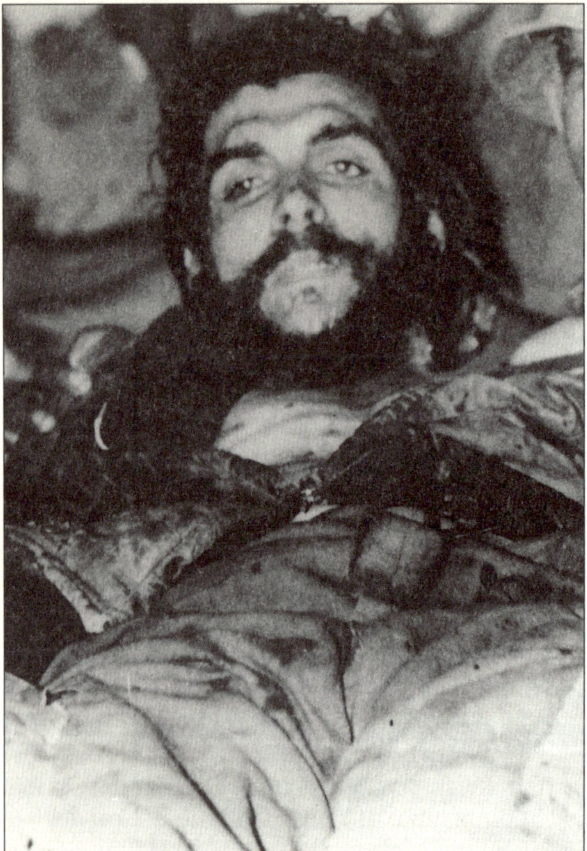

Der tote Che

nicht mitgeführt hätte. Das ist lange her. Der Partisanenkrieg des Che scheint ad acta gelegt. An den Verhältnissen, gegen die Dr. Guevara sich empörte, hat sich indessen nichts wirklich Wesentliches geändert.

Die Kultur des Widerstands

La Cumbre, der fast 5 000 Meter hohe Passübergang bei La Paz auf dem Weg hinunter ins Tiefland. August 1990. Hochwinter in den Anden. *Whipalas*, die Regenbogenfahnen der Andenvölker fliegen. Kämpferische Reden werden gehalten, Lamas geopfert, Kokablätter verteilt. Vertreter des Gewerkschaftsbundes COB und der Landarbeitergewerkschaft CSUTCB begrüßen ihre Brüder und Schwestern, die wochenlang über 650 Kilometer marschiert sind, *Por Tierra y Dignidad,* für Land und Würde, manche barfüßig.

Den kampferprobten Gewerkschaftern wird man hinterher vorwerfen, auf den Karren der *Indígena*-Bewegung aufgesprungen zu sein, der im Vorfeld des so genannten Kolumbusjahres 1992 volle Fahrt aufgenommen hatte. Tatsächlich war der einstmals so mächtige Gewerkschaftsbund COB nach dem Zusammenbruch des staatlichen Minenriesen COMIBOL 1985 auf dem Weg in die Bedeutungslosigkeit. Jahrzehntelang hatte man sich als proletarische Avantgarde verstanden, inmitten eines Bauernlandes, und selbst die Militärdiktaturen der siebziger Jahre bekamen kalte Füße, wenn die *Mineros* streikten oder gar in La Paz aufmarschierten.

Arbeitslose Ex-Bergarbeiter wanderten nun in die Tropen ab, um mit dem Kokaanbau ein neues Auskommen zu finden. Ein Teil dieser klassenkämpferischen Tradition lebt in den *Sindicatos* der Kokabauern des Chapare weiter.

Die neoliberale Anpassung nach der Krise von 1985 brachte eine rasche Stabilisierung der makroökonomischen Rahmendaten nach einer Hyperinflation von 20 000 Prozent. Aber sie brachte auch Arbeitslosigkeit und einen Verfall der Kaufkraft, von dem sich das Land bis heute nicht erholt hat. Die Öffnung der Märkte brachte den Bauern des Andenlandes Konkurrenz aus Nachbarländern und Zonen, die von der Geografie und vom Klima begünstigt sind. Ein Drittel der bolivianischen Bevölkerung lebt auf dem Land, wo es 14,2 Prozent des Bruttoinlandsprodukts erwirtschaftet. De facto ist das Gewicht der Landwirtschaft noch sehr viel größer, denn Eigenkonsum, Tauschhandel und Schwarzmarkt spielen nach wie vor eine wichtige Rolle.

Doch Bolivien ist eines der Länder mit der höchsten Abwanderung vom Land in die Stadt. »Liegt es eigentlich in unserem Interesse«, fragt der Ökonom Miguel Urioste, »wenn die Bauern ihre Felder verlassen, um in der Stadt Kaugummi und Schokolade zu verkaufen?« Er fordert endlich eine Strukturpolitik für die kleinbäuerliche Landwirtschaft statt der punktuellen Förderung exportorientierter Agroindustrien. »Auch die hat sich als Fehlschlag erwiesen«, meint Urioste und erzählt vom Sojaboom im Tiefland bei Santa Cruz, wo heute die Grundstückspreise abstürzen, weil sich niemand mehr dafür interessiert.

Die Revolution von 1952 hatte das allgemeine Wahlrecht eingeführt, die Minen verstaatlicht und mit einer Landreform von 1953 das Land an jene verteilt, die es bebauen. Bis zu den Latifundien des Tieflands reichte die Landreform nicht, doch die regierende MNR versuchte, die Quetschua- und Aymara-Indianer, die nun Bauern geworden waren, in *Sindicatos* (Gewerkschaften) zu organisieren. Doch weder die Privatisierung des Grundbesitzes noch die Kontrolle der Indianer-Bauern über die *Sindicatos* hat vollständig geklappt. Uralte Formen der dörflichen Gemeinschaftsarbeit wie *minga* und die Nachbarschaftshilfe *ayni* sind zumindest weiter gang und gäbe und Ausdruck der Persistenz andiner Kollektivität. (Das Inkareich kannte zum Beispiel keinen Privatbesitz.) Die *Sindicatos* funktionierten eher als kollektive Interessenvertretung gegenüber der Regierung als umgekehrt als Kontrollinstrument. Alte Formen konsensualer, dörflicher (ayllu) Entscheidungsfindung lebten in den Strukturen der ländlichen *Sindicatos* fort. Und sie stellen den größeren Teil der *Cocaleros*. Nur höchstens 20 Prozent der Kokabauern sind *Ex-Mineros*.

Die *Sindicatos* der Kokabauern im Chapare funktionierten lange de facto eher als lokale Regierungen auf der Basis konsensdemokratischer Entscheidungsprozesse. Sie kümmerten sich um die Anlage eines Brunnens oder eines Fahrweges, einer Schule, organisierten öffentliche Gemeinschaftsarbeiten. Sie kontrollierten den Grundbesitz und kümmerten sich sogar um die Sicherheit. Staatlichkeit gab es dort lange ausschließlich in Form der Drogenpolizei. Im Widerstand gegen die Kokavernichtung erfuhren sie eine enorme Festigung und Politisierung und wurden zu einer der schlagkräftigsten Bewegungen der Zivilgesellschaft in Lateinamerika.

Bolivien hat eine indianische Bevölkerungsmehrheit mit den größten Gruppen aus dem Andenhochland: Quetschua und Aymara. Wenn von *Indígenas* die Rede war, waren lange Zeit die Völker im Tiefland gemeint. Im Hochland verstand man sich als *Minero* oder Landarbeiter, in Begriffen des *Sindicato* eben. Erst mit der Hochkonjunktur des Indigenismus im Vorfeld des Kolumbusjahres 1992 hat man auch im Hochland die indigenen Wurzeln wieder entdeckt und im Chapare die Verteidigung von *Mama Coca*, des »heiligen Blattes der Inka«. Nicht ganz zu Unrecht: Gelten doch *Indio* und *Campesino*, synonym gebraucht, bei weiten Teilen der Oberschicht bis heute als Schimpfwort.

Die Bauern sind in Bolivien in der CSUTCB organisiert (Confederación Única de Trabajadores Campesinos de Bolivia), angeführt derzeit von Felipe Quispe alias *El Mallku*.

Ihre kleinste Einheit ist das *Sindicato*; mehrere *Sindicatos* bilden eine Zentrale (die sich meist mit der Provinz) deckt, und die Zentralen bilden wiederum auf Departmentsebene eine *Federación*. Nicht so im Chapare – der stellt nur einen Teil des Departments Cochabamba dar, verfügt aufgrund des enormen Organisationsgrades aber über 600 bis 800 *Sindicatos*. Diese bilden etwa 30 Zentralen und jene wiederum sechs *Federaciones*, die seit 1991 ein Koordinationskomitee haben, zu dessen Präsident 17 Mal in Folge Evo Morales (siehe Seite 119) gewählt wurde. Die *Federaciones* des Chapare verfügen daher über wenigstens so viel politisches Gewicht wie die CSUTCB insgesamt. Nur vier der sechs *Chapare-Federaciones* gehören der CSUTCB

Kokabauern-Führer Evo Morales

auch formal an. Morales und Quispe sind sich gegenseitig die besten Feinde.

Die Kräfteverhältnisse spiegeln sich auch im Gewicht ihrer jeweiligen politischen Instrumente wieder: Von Parteien spricht man absichtlich nicht. Das *Movimiento al Socialismo (MAS)* von Evo Morales wurde bei den Wahlen 2002 mit 20,94 Prozent der Stimmen zweitstärkste Kraft; das *Movimiento Indígena Pachacutic (MIP)* von Felipe Quispe errang 6,09 Prozent, zusammen stellen sie 41 Fundamental-Oppositionelle im 157-köpfigen Kongress.

Neoliberalismus light

Mitte der neunziger Jahre festigte Bolivien seinen Ruf als Musterland der Reformen in den Augen vieler - vor allem ausländischer - Beobachter. Und diesmal waren es nicht nur Konservative und Wirtschaftsliberale, die Beifall zollten. Ende der achtziger und in der ersten Hälfte der neunziger Jahre waren bei internationalen Entwicklungsorganisationen und ihren intellektuellen Vordenkern Begriffe wie *menschliche Entwicklung, good governance* und *Nachhaltigkeit* ins Zentrum der Diskussion gerückt, um nicht zu sagen: in Mode gekommen. Darin kam das wachsende Verständnis zum Ausdruck, dass die »unsichtbare Hand des Marktes« (Adam Smith) alleine nicht ausreichte, um die Rahmenbedingungen für einen tragfähigen und nachhaltigen Entwicklungsprozess zu schaffen. Es setzte sich vielmehr die Einsicht durch, dass der Staat bei ihrer Schaffung und Erhaltung wieder eine aktivere Rolle spielen müsse.

Im Jahre 1994 leitete die Regierung des Präsidenten »Goni« Sanchez de Lozada eine Serie von Reformen ein, die klar von diesem Denken inspiriert waren. Die neoliberalen Reformen der zweiten Generation: Erziehungsreform, Dezentralisierung, Bürgerbeteiligung und »Kapitalisierung«. Fast ein Jahrzehnt nach der Strukturanpassung von 1985/86 nahm man nun erstmals die Privatisierung der großen Staatsbetriebe in Angriff, wie die Fluglinie *Lloyd Aereo Boliviano*, die Telekommunikation, die Eisenbahn, die Elektrizitätsgesellschaft und die Ölgesellschaft *Yacimientos Petrolíferos Fiscales Bolivianos.*

Die Privatisierungen wurden nach einem neuen Modus durchgeführt, den der seinerzeitige US-Präsident Bill Clinton als »beispielgebend« bezeichnete. Die Staatsbetriebe wurden in Aktiengesellschaften umgewandelt und ein »strategischer Investor« für Beteiligungen von bis zu 50 Prozent gesucht. Dessen Investition ging nicht in das Staatssäckel, sondern erhöhte das Betriebskapital. Der staatliche Anteil wurde an Pensionsfonds überführt. Von diesem »Volkskapitalismus« sollte mit Hilfe einer Rentenreform in der Zukunft das gesamte Volk profitieren.

Ein knappes Jahrzehnt später lässt sich sagen, dass immer noch 90 Prozent der Bevölkerung keinen Zugang zum Rentensystem haben. Versprochene jährliche Einmalzahlungen (248 US-Dollar pro Jahr an alle über 65-Jährigen), der so genannte BONOSOL, wurde genau einmal ausgezahlt: 1997, im Jahr nach seiner Einführung – es war gerade Wahlkampf. Die Bolivianer sprechen seither nicht vom »Sonnenbonus«, sondern sarkastisch vom BONOSOMBRA, dem Schattenbonus.

Die Opposition spricht von einem Ausverkauf. Alle »strategischen Investoren« sind ausländische Unternehmen, die de facto die Kontrolle über die Unternehmenspolitik ausüben. Man beklagt, dass seit der »Kapitalisierung« bereits mehr Kapital ins Ausland transferiert worden sei, als investiert. Nach dem Verkauf an einen chilenischen Investor hat das nationale Eisenbahnsystem inzwischen praktisch aufgehört zu funktionieren.

Das ganze Reformpaket der Regierung Sanchez de Lozada (1993–1997) sah sich mit einer starken gesellschaftlichen Opposition konfrontiert. Die zweimalige Verhängung des Ausnahmezustands im Jahre 1995 ist dafür beredter Ausdruck. Ablehnung aus Prinzip, aus ideologischen Gründen oder aus Verteidigung von Partikularinteressen, wie im Falle der Lehrer, waren Motive für die Gegnerschaft und Ausdruck eines tief sitzenden Misstrauens gegenüber den Regierenden.

Heute, ein Jahrzehnt danach, sind die Debatten um die Reformen nüchterner und sachlicher geworden. Die Opposition sieht inzwischen auch die positiven Aspekte der Reformen. Auch Protagonisten und Befürworter des Reformprojekts geben heute zu, dass man die Maßnahmen zumindest sehr unsensibel und ohne den notwendigen Informations- und Diskussionsprozess in der Gesellschaft von oben herab durchgezogen habe.

Die Bildungsreform vom Juli 1994 stellte das Lernen vor das Lehren und damit die Schülerinnen und Schüler in den Mittelpunkt. Sie nahm sich vor, das Gefälle zwischen Stadt und Land zu beseitigen, das sich bislang auch in der Existenz von zwei Klassen von Lehrern geäußert hatte, eben jene auf dem Land und jene in der Stadt. So genannte *juntas escolares* (Beiräte) wurden eingerichtet, die den Eltern ein Mitspracherecht bei der Auswahl des Lehrkörpers einräumten. Und im Hinblick auf die indianische Bevölkerungsmehrheit wurde ein zweisprachiges und interkulturelles Modell verankert, wonach die Muttersprache in der Grundschule jeweils die erste und auch die Hauptsprache ist, in den meisten Zonen also Quetschua gefolgt von Aymara - und dann erst Spanisch.

Indes: Ein solcherart modernisiertes Bildungssystem kostet Geld: Geld für die Ausbildung qualifizierter Lehrerinnen und Lehrer, Geld für die Anschaffung vernünftiger Lehrmittel. Das Gesetz verlangte nun, dass die Lehrkräfte eine adäquate Ausbildung nachweisen mussten. Bisher hatten nicht selten Lehrer unterrichtet, die gar keine Ausbildung dazu hatten, die unregelmäßig oder gar nicht zum Unterricht erschienen. Die trotzkistische Lehrergewerkschaft kämpfte seinerzeit vehement gegen die neuen Bestimmungen an. Freilich: Auf der Basis jämmerlicher Gehälter blieb vielen Lehrern auch gar nichts anderes übrig, als nebenbei Taxi zu fahren oder aus dem Bauchladen Kaugummi, Schnürsenkel, Kugelschreiber und Batterien zu verkaufen.

Bolivien hatte auf dem Papier eigentlich bereits ein zweisprachiges Schulsystem, aber nicht die Mittel, um die Bestimmungen auch umzusetzen. Woher sollte man genügend zweisprachig ausgebildetes Lehrpersonal nehmen, woher die Bücher auf Quetschua, Aymara, Guaraní und in anderen Indianersprachen, wo es doch schon auf Spanisch Büchermangel gab.

Mit der Verwaltungsreform *Participación Popular* ging das staatliche Grundschulsystem, dem es an allem mangelte, was eigentlich ein Schulsystem ausmacht - angefangen damit, dass es mancherorts gar keine Schulen gab –, in die Verantwortung der neu geschaffenen Gemeinden über. Viele Kritiker sahen darin eine Abwälzung der Verantwortung seitens der Regierung in La Paz.

Die *Participación Popular* (Bürgerbeteiligung) vom Mai 1994 stellt das Herzstück der Reformen der zweiten Generation und eine kleine »Verwaltungsrevolution« dar. Mit der Schaffung von 314 Gemeinden erhielten die Siedlungen, Dörfer und Gemeinden auf dem Lande zum ersten Mal in der Geschichte den Status einer juristischen Person, mit eigenem Budget, teils durch eigene Steuern, teils durch Zuweisungen der Zentralregierung – und einer Serie neuer Verantwortlichkeiten: Vom Schulsystem war bereits die Rede, Wegebau und die Gesundheitsversorgung gehören ebenfalls dazu. Verschiedentlich wurde kritisiert, dass die Mittelzuweisungen dafür zu gering seien, der Staat sich also nur seiner Verantwortung entledige.

Problematisch war bereits die Schaffung der neuen Gemeinden selbst, denn die mussten immer zumindest 5 000 Einwohner haben. Das wurde vielfach durch Zusammenlegung erreicht. Manchmal wurden dabei Dörfer und Gemeinschaften zu einer Gemeinde zusammengefügt, die in der Vergangenheit überhaupt nichts miteinander zu tun hatten oder sogar miteinander im Konflikt lagen. In einem Fall hatte der Bürgermeister fünf Tagesmärsche bis zum nächsten Dorf seiner Gemeinde zurückzulegen. Die beabsichtigte Dezentralisierung der Verwaltung geriet in diesen Fällen zu einer Zentralisierung.

Mit der Schaffung so genannter Territorialer Basisorganisationen (OTBs) wurden traditionelle indianische Organisationsformen, aber auch Nachbarschaftskomitees und ländliche Gewerkschaften gesetzlich anerkannt. Aus ihrer Mitte werden Überwachungskomitees mit beachtlichen

Befugnissen zur Kontrolle der Gemeindeverwaltungen gewählt: ein gutes Stück Basisdemokratie. Kritiker wenden wiederum ein, dass traditionelle Organisationsformen gerade dadurch zerstört würden: Sie werden in die Geldwirtschaft integriert, müssen sich nach den Gesetzen und Verwaltungsstrukturen des Nationalstaats richten. Die Gemeinden müssen nun Entwicklungspläne erarbeiten und vorlegen, Budgets beantragen, abrechnen und belegen. Das alles nach der Rationalität des Zentralstaats, die nicht unbedingt dem Denken indianischer Gemeinschaften entspricht.

Die Einschätzungen der *Participación Popular* sind geteilt. Akademiker und Intellektuelle, wie Javier Medina, einer der geistigen Väter der *Participación Popular*, neigen zu eher positiven Urteilen. Javier Medina, der im Interview griechische Philosophen zitiert und sich auf die Vordenker der französischen Aufklärung beruft, sieht darin die Möglichkeit zur »Entwicklung eines Netzes lokaler Gemeinschaften«, als Gegenentwurf zum »gescheiterten bolivianischen Nationalstaat«, wie er sagt. Der Soziologe Ricardo Calla sieht in der *Participación Popular* immerhin einen »enormen Beitrag zur Demokratisierung«.

Ganz anders der Oppositionsführer und Chef der Landarbeitergewerkschaft (CSUTCB) Felipe Quispe: »Mit der *Participación Popular* haben sie in den Rathäusern auf dem Lande das Stehlen gelernt. Es gibt keinen wirklichen Fortschritt. Nur mehr Denkmäler für die Freiheitskämpfer, wie Sucre und Bolívar, koloniale Kirchen und Schulfassaden. Was kann man denn mit 20 000 Bolivianos Budget (4 000 Euro) schon machen? Deswegen gibt es viel Streit und Auseinandersetzungen zwischen Brüdern. Es ist Gift für uns.« Oppositionschef Evo Morales von der MAS stößt ins selbe Horn: »Das Gesetz ist wie der Apfel der Versuchung und der Zwietracht. Weil die Budgets nicht ausreichen, kommt es zu permanentem Streit unter den *compañeros*.« Mit der *Participación Popular*, so wird beklagt, hätten die traditionellen Altparteien ihren Einfluss auf dem Lande ausgebaut. Und der Veteran und Gründer der Landarbeitergewerkschaft, Genaro Flores, ergänzt: »Die *Participación Popular* war ein Projekt von uns allen. Wir haben es initiiert. Aber die Reichen haben die Idee kopiert und in ihrem Gesetz deformiert. Die OTBs haben uns mehr und mehr gespalten, sodass die Rechte, die ADN und die MNR, das Gesetz zu ihren Gunsten umsetzen können.«

In der Tat scheint es so zu sein, dass die Auswirkungen der *Participación Popular* umso positiver gesehen werden, je besser die Bevölkerung durch ihr Bildungsniveau oder Ausbildungskurse für die neuen Aufgaben vorbereitet war oder wurde. Besonders reibungslos scheint die *Participación Popular* aber dort zu funktionieren, wo die traditionellen sozialen Organisationsformen besonders stark sind, wie im Falle der *Sindicatos* des Chapare. Das ist ein Ergebnis des von der Europäischen Kommission finanzierten Forschungsprojekts LATAUTONOMY über Modelle multikultureller Autonomie in sechs Ländern Lateinamerikas, eines davon Bolivien (siehe www.latautonomy.org). Silvia Lazarte, die Vorsitzende der mit 50 000 Einwohnern größten Chapare-Gemeinde Villa Tunari, schien zunächst die Frage gar nicht zu verstehen, wie dann das Verhältnis zwischen Gemeinde und Basisorganisationen sei, und antwortete dann erstaunt: »Na, wir sind selbstverständlich der Exekutivarm der *Sindicatos*.«

Schließlich war die Regierung seinerzeit schon vor einer zu großen Selbständigkeit der Gemeinden zurückgeschreckt und hatte mit dem Gesetz zur Dezentralisierung (1995) ein Gegengewicht geschaffen, indem der Departments-Präfekt (vage vergleichbar mit deutschen Ministerpräsidenten oder österreichischen Landeshauptleuten) gestärkt wurde, der vom Präsidenten eingesetzt wird, zumeist mit seinen Parteigängern. Im Falle des Departments Cochabamba, zu dem die eben erwähnten starken *Sindicato*-Organisationen des Chapare gehören, waren es in den ersten vier Jahren nach der *Decentralización* gleich acht Präfekten.

Vielleicht deutlicher als alle anderen Bereiche machen Umweltgesetzgebung und Umweltpolitik das Wesen der Reformen der zweiten Generation deutlich. Umweltschutz hatte bis dato in Bolivien ein Schattendasein geführt, aus dem es 1993 mit der Gründung eines »Ministeriums für Nachhaltige Entwicklung und Umwelt« sowie einschlägigen Gesetzen heraustrat. Die internationale Diskussion um *nachhaltige Entwicklung* begann mit dem Brundtland-Report von 1987 und erfuhr mit dem UN-Umweltgipfel von Rio 1992 ihren politischen Höhepunkt. Ressourcenausbeutung soll an Ressourcenschutz für zukünftige Generationen gekoppelt sein. Die Geburt einer bolivianischen Umweltpolitik war sehr klar von jener internationalen Konjunktur inspiriert.

Das Umweltministerium wurde mit einem Vertrauten des Präsidenten besetzt, dem politischen Schwergewicht José Guillermo Justiniano, später aber im koalitionspolitischen Schacher dem Juniorpartner UCS überlassen. Im Jahre 2001 existierten von den gesetzlich vorgesehenen Umweltkomitees auf Departmentsebene genau eines, und zwar im Department Cochabamba, wo internationale Projekte der Alternativen Entwicklung die Initiative dazu ergriffen hatten und die nötigen Gelder spendierten.

Analysiert man einschlägige Gesetze, so steht die Ressourcenausbeutung stets vor dem Ressourcenschutz. So ist vor einer Aktivität im Bergbau keine Umweltverträglichkeitsstudie nötig, und Schutzgebiete sind nicht vom Ressourcenabbau ausgenommen, wenngleich hier Umweltverträglichkeitsstudien durchgeführt werden müssen. Im Gegensatz zum langsamen Fortgang der Vergabe von Landbesitztiteln an die Bauern wurden 92 Prozent der beantragten Forstkonzessionen bewilligt und dabei paradoxerweise mehr Wald zum Fällen freigegeben, als überhaupt beantragt worden war: 3 785 322 Hektar, die an 38 Holzunternehmen vergeben wurden.

Zwei Drittel der Ausgaben für den Umweltschutz waren durch Kredite und Zuschüsse multinationaler Hilfsorganisationen finanziert: Weltbank, Interamerikanische Entwicklungsbank und die Vereinten Nationen. Unter den bilateralen Gebern für den Umweltschutz rangierten die Niederlande vor der Schweiz und Deutschland. Ohne diese Mittel wäre das Umweltministerium kaum jemals handlungsfähig gewesen.

Im Inferno der Armut

Als ich Alberto zum ersten Mal traf, klopfte er mit einem Hammer auf Gesteinsbrocken herum, um mineralhaltige von wertlosen Teilen zu trennen. Er war damals 14 und hatte schon drei Jahre lang hier gearbeitet, tief unten, in einer jener gefürchteten aufgelassenen Minen am Cerro Rico von Potosí. Umgerechnet 1,25 Euro verdiente er damals für die Plackerei im Vorhof der Hölle.

Heute ist Alberto 21 und sieht aus wie 30. Eine Kindheit gab es für ihn nicht. Er musste die Mutter und vier jüngere Geschwister mit ernähren. Einige Stunden auf der Sonntagsschule - eine Initiative des Pfarrers - sind seine Schulausbildung. Immerhin kann er leidlich lesen und schreiben.

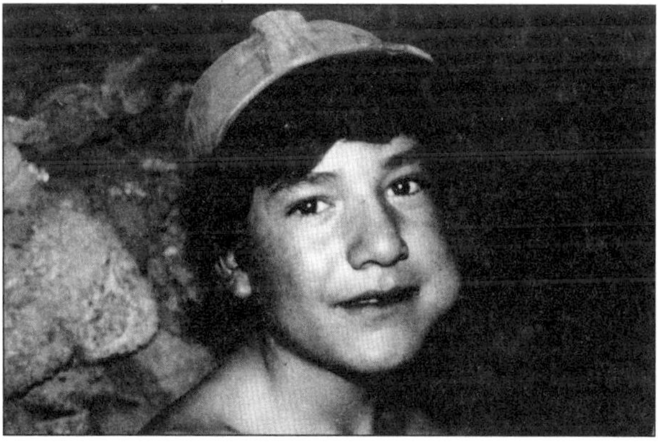

Alberto (14), Minenarbeiter, Koka in den Backen

Er arbeitet noch in derselben Mine, am selben *claim,* aber er verdient heute in guten Monaten bis zu 150 US-Dollar und ist stolzer Jungfamilienvater.

Vor einem Jahr waren beim unvorsichtigen Umgang mit Dynamit zwei Kollegen ums Leben gekommen. Alberto konnte ihre Anteile am *claim* übernehmen. Er hat es sozusagen bis ins Fegefeuer geschafft. Viel weiter, sagt er, wird es für ihn wohl nicht mehr reichen. Aber wenigstens eine gute Ausbildung für seine kleine Tochter, so hofft er, soll dabei rausspringen.

In Bolivien gibt es keine Todesschwadronen, die nachts Jagd auf Straßenkinder machen, auf *desechables*, die Wegwerfbaren, wie sie in Kolumbien genannt werden. Kindheit im Armenhaus Lateinamerikas bedeutet meist: die ganz normale Wucht der sozialen Misere spüren. Und die beginnt schon vor der Geburt: Nach einer UNICEF-Studie sterben 390 von 100 000 Müttern während der Schwangerschaft oder bei der Geburt. Die höchste Rate in der Region. Für eine bolivianische Mutter ist das Schwangerschaftsrisiko 60 Mal höher als in den westlichen Industrieländern. Deshalb kommen in Bolivien jährlich 3 000 Halbwaisen zur Welt.

Jede Stunde stirbt ein Kind unter fünf Jahren. Mit 77:1 000 ist die Kindersterblichkeit fast doppelt so hoch wie im lateinamerikanischen Durchschnitt; in den westlichen Industrienationen liegt sie bei 11:1 000. Häufigste Todesursache sind klassische Armutskrankheiten wie Diarrhö (36 Prozent) und Infektionen der Atemwege (28 Prozent). Trotzdem ist die Situation besser als noch vor zehn

Jahren. Impfkampagnen konnten Krankheiten wie Tetanus, Polio oder TBC drastisch reduzieren. Doch noch immer fehlt es an Aufklärung und Gesundheitsposten, vor allem auf dem Lande. Positive Auswirkungen verspricht man sich von der Bildungsreform.

Doch eine Sache sind medizinische Versorgung und Aufklärung, eine andere der Zugang zu ausreichender Ernährung und sauberem Trinkwasser. Nach einer anderen Studie, die die Regierung in Zusammenarbeit mit UNICEF erstellt hat, sind vier von zehn Kindern unterernährt. Die Hochlanddepartements La Paz, Potosí und Chuquisaca (Sucre) sind davon am stärksten betroffen. In der Provinz Inquisivi beispielsweise haben 92 Prozent der Haushalte keinen adäquaten Zugang zu Trinkwasser und sanitären Einrichtungen, 83 Prozent nur mangelhaften Zugang zu Bildungseinrichtungen, von denen sich landesweit ohnehin nur zehn Prozent in akzeptablem Zustand befinden. Besorgt sehen die Autoren die direkte Verbindung, die zwischen Armut und Unterernährung und der Abwesenheit in der Schule wegen Krankheit oder der Notwendigkeit zu arbeiten besteht. Ein Teufelskreis.

Arbeit ist für Kinder unter 14 Jahren gesetzlich verboten. Doch die Armut macht das Gesetz zur Farce. Kinder helfen bei der Feldarbeit, singen vor Kneipen und in Autobussen um ein paar Groschen, werden von ihren Eltern zum Betteln geschickt oder als Hausdiener für eine Mahlzeit am Tag zu Familien der Mittelschicht. Sie werden verstoßen und ausgesetzt.

Jeden Morgen pilgert ein Heer von Kindern ins Zentrum von La Paz. Sie schlafen unter den Brücken des Rio Chuquiyapu, in den sich die Abwässer der Metropole ergießen. Sie tragen Kistchen mit Lappen, Bürsten und Schuhcreme. Für umgerechnet jeweils zehn Cent werden sie mit ihren kleinen Händen den Tag über die Schuhe der Bessergestellten auf Hochglanz wichsen. Einen erklecklichen Teil ihrer Einnahmen müssen sie abends an den Eigentümer ihrer »Produktionsmittel«, der Putzutensilien, abliefern. Kinder sind Teil des Ausbeutungszyklus – und sie stehen ganz am unteren Ende.

13- oder 14-jährige Mädchen aus Santa Cruz werden an Billigbordelle in den Randbezirken von La Paz verkauft, aus denen es kein Entrinnen mehr gibt. In Santa Cruz und Cochabamba verkaufen Kinder *Pasta Básica de Cocaina*, ein extrem toxisches Zwischenprodukt der Kokainherstellung. Viele rauchen es auch selbst. An den Herstellungsorten arbeiten sie als *voceadores*, als Schmieresteher, die vor Patrouillen der Drogenpolizei UMOPAR warnen, oder – wenn sie größer sind – als pisacocas, als Kokatreter. Barfuß stampfen sie dann Nacht für Nacht in einer Brühe aus Kerosin, Schwefelsäure und verschiedenen Karbonaten die Inhaltsstoffe aus den Kokablättern. Geschwüre an den Unterschenkeln sind ihr Erkennungsmerkmal. In einer Atmosphäre des Faustrechts werden sie von den Drogenhändlern manchmal gar nicht entlohnt und oft mit *Pasta Básica*. Für die Polizei sind sie billiges Kanonenfutter zur Bereicherung der Fahndungsstatistik.

Wo es ums Überleben geht, werden Kinder mitunter auch zur Handelsware. Genaue Zahlen kennt man nicht: »Aber wir gehen davon aus, dass die Adoptionen in Bolivien zunehmen, denn während es vor zehn Jahren gerade einmal zehn Vermittlungsagenturen gab, sind es heute 42«, sagt der Referatsleiter im Ministerium. Dabei hat Bolivien relativ weitreichende Bestimmungen zum Kinderschutz, mit denen verhindert werden soll, dass Adoptionen in Kinderhandel umschlagen. Doch das Problem ist die Umsetzung, die schlechte Ausstattung der Behörde und die miese Bezahlung ihrer Mitarbeiter, denen in der Vergangenheit auch Fälle von Korruption angelastet wurden.

4,5 Millionen US-Dollar, so schätzte die damalige Jugendschutzbehörde ONAMFA bereits vor einigen Jahren, würden beim Verhökern von Kindern zur Adoption, zur Prostitution und zur Ausbeutung als Arbeitskraft jährlich umgesetzt. Bei einer Adoption sind es bis zu 35 000 US-Dollar, die für Besuche, Flüge, Anwaltskosten, Vermittlungsagenturen berechnet werden – und die Grenzen zwischen legitimen Kosten und Geschäft sind schwierig zu ziehen. Am Verkauf ist häufig ein ganzes Netz von Krankenschwestern, Ärzten, Rechtsanwälten und Funktionären beteiligt. Mit gefälschten Papieren werden sie im Extremfall ihren ahnungslosen Adoptiveltern übergeben.

Seit wenigen Jahren müssen Adoptionen von neu geschaffenen Kinder-Wohlfahrts-Richtern genehmigt werden, die die Papiere überprüfen. Ein erster Schritt. INFANTE ist eine Organisation, die im Raum Cochabamba mit gutem Erfolg ausschließlich Inlandsadoptionen vermittelt. Eine kostet im Schnitt nur 200 US-Dollar. Doch Auslandsadoptionen überwiegen bei weitem.

Hogar Villegas, ein Schwesternhaus, wurde am 27. April 1909 von den *Hermanas del Amor de Dios* gegründet. Das Haus mit der Nummer 2 348 in der Avenida 20 de Octubre im Stadtteil Sopocachi hat eine Klappe mit einer Klingel. Dort können Babys anonym abgegeben werden. Im monatlichen Durchschnitt sind es drei, erzählen die Schwestern. Meist sind es verzweifelte Mütter, die diesen Weg gehen. Nicht selten Hausangestellte der Oberschicht, die die gemeinsamen Kinder mit ihren Dienstherren oder deren Söhnen loswerden müssen. Immer häufiger sind die Mütter selbst noch halbe Kinder, 13 oder 14 Jahre alt, die auf der Straße leben. Manchmal gelingt es, eine Lösung für Mutter und Kind zu finden. Auch die Polizei mache gelegentlich von der Einrichtung Gebrauch. Täglich findet sie fünf oder sechs Säuglinge und Kleinkinder, die ausgesetzt oder getötet wurden. Verzweiflung, Unwissenheit und Aggression kommen da zusammen.

Seit einiger Zeit gibt es in La Paz eine Kinderklinik, die einzige im Land. Bei 160 Betten Kapazität wurden im letzten Jahr 20 000 kleine Patienten betreut, 9 000 davon stationär. Kinderschwester Jacqueline stellt uns vor: Der sechsjährige Milton ist schon zum zweiten Mal hier. Er hat sich den Knöchel gebrochen. Beim ersten Mal, erzählt Jacqueline, habe er mit seiner Mutter stundenlang im Flur gestanden. Sie trauten sich nicht herein, weil sie kein Spanisch sprechen, sondern Aymara.

Frauengruppen aus der ganzen Welt unterstützen das Hospital. Trotzdem gibt es noch immer so profane Probleme wie Knappheit an Putzmitteln, Toilettenpapier und Bettlaken. Deshalb müssen auch die Familien der Patienten zur Kasse gebeten werden, allerdings nach ihrem Einkommen gestaffelt. Sozialarbeiter prüfen die Situation der Familien vor Ort, auch wenn es sich nur um Hausbesuche oder ambulante Behandlungen handelt.

Häufig sind es traumatische Verletzungen, die behandelt werden müssen; durch Verkehrsunfälle und - darüber spricht man nur zögernd - Misshandlungen. Erst nach mehreren Besuchen fällt gegenüber dem Reporter auch der Satz: »Wenn diese Wände Ohren hätten, würden die Steine weinen.«

Dem neunjährigen Carlos mussten vier Finger amputiert werden. Oft sei er von seinem Vater mit dem Gürtel geschlagen worden. Als er Geld gestohlen hatte, wollte ihm der Vater ein für alle Mal eine Lehre erteilen, band ihm die Hände mit Lumpen zusammen, übergoss sie mit Benzin und zündete sie an. Carlos konnte das Feuer ersticken, indem er sich mit dem Körper darauf warf. Er erlitt schwere Verbrennungen an Händen, Armen und am Bauch. Ins Hospital kam er erst, nachdem der Lehrer die Familie besuchte: Er war fünf Tage eingesperrt gewesen und nicht zur Schule gekommen.

Armut und zerrüttete Familien, Alkoholismus, Gewalt und Macho-Kultur sind die Wurzeln solcher Barbareien. Väter und Mütter, die so etwas tun, sind in ihrer Kindheit selbst häufig Opfer von Vergewaltigungen und Gewalt gewesen. So vielleicht auch der Großvater der 13-jährigen Maria: Das geistig behinderte Mädchen ist nun Mutter eines vier Wochen alten Kindes. Die Opfer von heute werden die Täter von morgen sein, wenn es nicht gelingt, den Kreislauf von Armut und Gewalt zu durchbrechen.

Der Wasserkrieg von Cochabamba

2003 war das UN-Jahr des Wassers. Das Lebenselixier wird knapp und zunehmend zum Gegenstand von Konflikten. Privatisierung soll die Antwort sein. Die Bürger der bolivianischen Stadt Cochabamba haben im Jahre 2000 ihr Trinkwasser zurückerkämpft. Oscar Olivera, Führer der Bürgerbewegung, erzählt:

Seit August 1985 wird in Bolivien, wie auch in den anderen Ländern des Kontinents, das neoliberale Modell eingeführt. Das bedeutet nichts anderes als eine Neuformierung der reaktionären Kräfte in den mächtigsten Ländern der Welt, den internationalen Finanzinstitutionen und den größten transnationalen Unternehmen mit dem Ziel, die Welt zu beherrschen, unsere Naturressourcen auszubeuten und ihre Profite zu steigern.

Im Zuge dieser Politik wurden wir in Bolivien, wie die Menschen der anderen armen Länder dieser Welt, unseres Erbes und unserer Naturressourcen beraubt, die Ergebnisse einer kollektiven Anstrengung von Männern und Frauen über mehr als 60 Jahre hindurch waren, die sie erschlossen und schützten: Sie stahlen unsere Flugzeuge, unsere Eisenbahnen, unser Kommunikationssystem, unsere Brennstoffvorkommen, unsere Fabriken, unser Land. Noch immer nicht zufrieden, versuchten multinationale Unternehmen, die Weltbank und die Partner der Regierungsmafias, unser Wasser wegzunehmen und dieses Lebenselixier in ein Geschäft zu verwandeln, wo wir doch alle wissen, dass Wasser ein soziales Gut ist, ein natürliches Erbe, das allen Lebewesen gehört, allen Tieren, Pflanzen und Menschen.

In meiner Stadt Cochabamba haben wir 600 000 Einwohner. Seit mehr als 50 Jahren haben wir mit Wassermangel zu kämpfen. Politiker und Geschäftsleute haben die Wasserversorgung dazu benutzt, die Bevölkerung zu manipulieren: im Sinne ihres Interesses der wirtschaftlichen Beherrschung. Im Privatisierungsfieber kamen unsere regierenden Politiker auch mit multinationalen Unternehmen wie Bechtel und anderen zusammen. Und mit dem Segen der Weltbank - die der bolivianischen Regierung ausdrücklich jede Subventionierung zur Lösung des Trinkwasserproblems in Cochabamba verbot - schritt sie zu einer brutalen Erhöhung der Wassergebühren. Der Privatisierungsvertrag war an ein neues »Trink- und Abwassergesetz« gebunden. Beide wurden auf absolut verborgene und korrupte Weise durchgezogen und wurden von der Bevölkerung abgelehnt.

Der absolute Mangel an Glaubwürdigkeit von Politikern, Geschäftsleuten und den traditionellen Organisationen der Bürgergesellschaft und deren offene Unterstützung der Privatisierung der Wasserversorgung führte dazu, dass Bauern Umweltschützer, Arbeiter, Lehrer und Intellektuelle sich zu einer Koalition zusammenschlossen, dem *Koordinationskomitee für Wasser und Leben.*

Jeder dieser Sektoren für sich alleine hatte nicht die Kraft, gegen die Bedrohung unserer Lebensinteressen Widerstand zu leisten. Wir waren uns bewusst, dass es keine individuelle Rettung geben würde und dass soziales Wohlergehen nur für alle und von allen erkämpft werden könne. Im Koordinationskomitee waren Menschen, die die Wassergebühren für übertrieben hoch und unbezahlbar hielten, aber auch Bauern, städtische und ländliche Kooperativen, die gar nicht an der betroffenen Hauptwasserleitung hingen. Schließlich waren auch organisierte Arbeiter dabei, die mit ihrer Erfahrung in Organisation und Taktik im Augenblick des Konflikts sehr wichtig für uns waren.

Das Koordinationskomitee spricht im Namen der Menschen, die sich ausgeschlossen fühlen, missachtet und verachtet, jene, die vor dem so genannten »Wasserkrieg« keinen Raum gefunden hatten, ihre Meinung zu sagen, zu debattieren, ihr Leiden auszudrücken, ihre Realitäten und ihre Hoffnungen.

Versammlungen und Barrikaden waren die Hauptinstrumente im Kampf. Wir haben dabei gemerkt, dass wir auf diese Weise nicht nur unsere Würde zurückerlangen konnten, unsere eigene Stimme, sondern auch und vor allem, dass unsere Lebensbedingungen ein Ergebnis des großen und schamlosen Diebstahls sind, den man als Privatisierung bezeichnet.

Das Koordinationskomitee ist nicht zuletzt der Ort, wo einfache und bescheidene Leute in der Lage waren zu beweisen, dass man durch Selbstorganisation, Solidarität und gegenseitiges Vertrauen die Angst verlieren und der Demokratie einen wirklichen Inhalt geben kann. Für uns bedeutet Demokratie: »Wer entscheidet was?« Ein Haufen Politiker und Geschäftsleute oder wir selbst, die einfachen und arbeitenden Menschen. Was das Wasser betrifft, wollen wir selbst entscheiden.

Mit diesem Verständnis begannen die Menschen von Cochabamba ihren Kampf gegen die Wasserprivatisierung. Aktionen und Demonstrationen von Menschen aus der Stadt und vom Lande begannen am 11. Januar 2000 mit einer viertägigen Blockade der Zufahrtsstraßen. Am Ende stand ein Übereinkommen mit der Regierung, worin diese sich verpflichtete, das neue Trinkwassergesetz und den Vertrag mit dem internationalen Konsortium *Aguas del Tunari* zu überprüfen.

Wenige Tage vor dieser Demonstration waren die Wassergebühren drastisch erhöht worden: um mindestens 35 Prozent - in manchen Fällen um bis zu 300 Prozent. Für viele Haushalte bedeutete das, dass man nun ein Fünftel des Einkommens für Wassergebühren ausgeben musste.

Eine zweite Demonstration fand im Februar statt. Sie dauerte zwei Tage. Nach heftigen Kämpfen zwischen Bürgern und der Polizei auf den Straßen von Cochabamba wurden die Tariferhöhungen rückgängig gemacht. Vielleicht der größte Gewinn dieser Aktion war, dass wir unsere Angst verloren. Wir kamen aus unseren Häusern und Gemeinschaften, um zu reden, uns kennen zu lernen und uns gegenseitig zu vertrauen. Obwohl die korrupte und mittelmäßige Regierung als Polizisten verkleidete, gewalttätige Verbrecher auf uns losgelassen hatte, triumphierte die Solidarität.

Im März 2000 organisierten wir zum ersten Mal in der Geschichte Boliviens ein »Volks-Referendum«. Mehr als 50 000 Menschen nahmen daran teil und sprachen sich dafür aus, dass das Gesetz geändert werden und das Konsortium gehen müsse.

Die dritte Mobilisierung, die als »letzte Schlacht« bekannt geworden ist, begann am 4. April und dauerte acht Tage mit Straßenblockaden und einer Besetzung der Innenstadt von Cochabamba. Am letzten Tag mobilisierten wir 100 000 Menschen. Diese Aktion führte zum Hinauswurf des transnationalen Unternehmens und einschneidenden Veränderungen im Trinkwassergesetz auf der Basis von Vorschlägen des Koordinationskomitees.

Nach 15 Jahren der Niederlagen war dies der erste Sieg des Volkes gegen das neoliberale Modell. Aber auch der hatte seinen Preis. Wir waren nicht nur mit der Polizei konfrontiert, sondern auch mit der Armee, deren Scharfschützen den 17-jährigen Victor Hugo Daza töteten und über 100 Personen verletzten.

Doch der Kampf ist nicht vorbei. Wir haben eine Selbstverwaltung erkämpft. Aber wir haben ein Versorgungssystem übernommen mit hohen Schulden, mit einem rechtlichen Status, der noch konsolidiert werden muss, mit veralteter Technik und Schadenersatzforderungen in Höhe von 25 Millionen US-Dollar, die das von Bechtel angeführte Konsortium vor einem Schiedsgerichtshof der Weltbank erhebt. Wir brauchen also weiterhin die Unterstützung und Solidarität durch den Rest der Welt.

Für uns bedeutet es jedenfalls einen dreifachen Sieg: Zunächst einen wirtschaftlichen Sieg. Durch das Einfrieren der Wassergebühren bleiben jährlich drei Millionen US-Dollar in Cochabamba, die sonst an das Konsortium gegangen wären. Das heißt, jede Familie spart zwischen 30 und 80 Dollar pro Jahr. Und das in einer Zeit, wo die Regierung die Einkommen der Arbeiter in den letzten zehn Jahren gerade um fünf Dollar pro Jahr angehoben hat und der Mindestlohn bei 60 Dollar im Monat liegt.

Dann einen politischen Sieg: Die Menschen haben Gerechtigkeit erkämpft. Individualismus, Isolierung und Angst wurden durch Solidarität überwunden. Wir haben damit begonnen, das Geflecht der Gesellschaft wieder zu knüpfen, das der Neoliberalismus zerrissen und zerstört hat.

Und schließlich haben wir deutlich gemacht: Wir wollen eine richtige Demokratie. Wir wollen eine Regierung, die unsere Meinungen und Entscheidungen berücksichtigt und die nicht in erster Linie den internationalen Finanzinstitutionen und ihrer neoliberalen Politik gehorcht.

Wenn die Seelen der Toten zurückkehren

Wenn bei uns mit Allerheiligen die langen Abende vorweihnachtlicher Besinnlichkeit beginnen, die »staadte Zeit«, wie man in Bayern sagt, herrscht auf der Südhalbkugel Hochfrühling. Die christlichen Feste, die von den Spaniern in Lateinamerika eingeführt wurden, tragen die gleichen Namen, doch ihre Inhalte und Rituale sind eng mit indianischen Traditionen verbunden.

Am Mittag des Tages vor Allerheiligen kehren die Seelen der Toten zurück. Tagelange Vorbereitungen unterbrechen den Alltag. Auf den Friedhöfen bieten Handwerker ihre Dienste an, um Grabstätten auszubessern und zu schmücken. In den Anden werden Blumenaltäre aus weißen Lilien, Gladiolen und Hortensien von den Angehörigen in den Häusern unlängst Verstorbener errichtet. In Mexiko ist es die gelbe *cempasúchil*-Blume, die Blume der 400 Leben, die schon im Aztekenreich in Ritualen verwendet wurde, die mit dem Tod zu tun hatten. Kerzen und Räucherstäbchen sollen den Toten den Weg weisen. Ein Totenschädel aus Zucker gehört dort zu den hervorstechendsten Requisiten des Totenfests. Durch ihn verliert der Tod seinen traurigen Charakter und macht sich über sich selbst lustig.

Der Überlieferung nach kehren die Seelen aus dem Totenreich zurück, um mit ihren Angehörigen zusammen zu sein und den Duft der Speisen und Opfergaben einzuatmen. Oder sie unterbrechen ihre Reise dorthin, um sich zu stärken. Die Lieblingsspeisen und Getränke der Verstorbenen werden serviert. Auf dem Lande wird eine Ziege oder ein Schwein für das Festessen geschlachtet. »Frische« Tote, die vor weniger als drei Jahren gestorben sind, werden üppiger versorgt als »ältere«, die bereits die Gnade Gottes genießen. Handelt es sich um verstorbene Kinder, so werden nur Speisen ohne Knoblauch und keine alkoholischen Getränke serviert.

Im bolivianischen Andenhochland gehören gemäß der Tradition der Quetschua- und Aymara-Indianer Kokablätter und Zigaretten mit zur obligatorischen »Wegzehrung«. Zuckerrohr dient den Wanderern zwischen den Welten als Spazierstock. Treppen und Pferde aus Brot sollen beim Aufstieg ins Totenreich behilflich sein, ein Brotlaib in Form des Mondes den Weg weisen, dessen Ziel durch ein Kreuz aus Brot symbolisiert wird. Dies alles wäre freilich nutzlos ohne die *t'anta wawas*, Puppen aus Brot, die die Toten repräsentieren. Während die Seelen der Verstorbenen die Speisen und Getränke genießen, werden sie von Gebeten und Segenssprüchen ihrer Angehörigen begleitet; zuweilen wird auch ein Priester hinzugezogen, der eine Messe liest.

Am Mittag des 2. November, dem eigentlichen Totenfest und vielerorts ein Feiertag, verabschieden sich die Toten aus dem Reich der Lebenden. Familienangehörige und Freunde gehen auf den Friedhof, um die Gaben dort zu verzehren. Was übrig ist, bleibt dort. Nichts von dem, was für die Toten bereitet wurde, darf wieder mit nach Hause genommen werden. So endet das Totenfest in einer ausgelassenen Fiesta mit Tanz und Trinkgelagen, denn man freut sich schließlich darüber, dass der Verstorbene dem Himmel wieder ein Stück näher ist.

In den Städten finden diese Fiestas heute auf den Straßen in der Umgebung der Friedhöfe statt. In La Paz versucht am 2. November stets ein Großaufgebot der Polizei, den Besucheransturm auf dem Zentralfriedhof zu regeln und »unwürdige Exzesse«, insbesondere Alkoholkonsum, zu unterbinden. Auf dem Lande, wo die indianischen Traditionen noch lebendiger sind, finden die Fiestas mit Musikkapellen und großen Mengen *Chicha* (Maisbier) nach wie vor direkt auf den Gräbern statt. Schließlich geht diese Tradition letztlich bis auf die untergegangene Hochkultur von Tiwanaku zurück, wo bei Totenfesten die Verstorbenen aus den Gräbern geholt wurden.

Ein Bauernführer erzählt

Ich heiße Evo Morales Ayma und wurde am 26. Oktober 1959 im Dorf Iasllave bei Oruro geboren. Meine Kindheit und den größten Teil meiner Jugend habe ich dort verbracht. Meine Schwester Esther, mein Bruder Hugo und ich mussten von klein auf meinen Eltern helfen. Ich habe immer versucht zu lernen und zu studieren. Aber es war nicht leicht. Zur Schule waren es zehn Kilometer zu Fuß. Es gab keine Bänke. Wir saßen auf Stapeln von Lehmziegeln – und die waren immer fürchterlich kalt. Ich erinnere mich noch, dass Vater und Mutter mir einen speziellen Mantel aus Lamafell für die Schule machten.

Es war wirklich schwierig, auf dem *Altiplano* zu leben. Die Ernte ist niemals sicher. Häufig machen Trockenheit, Hagel oder Frost alles zunichte. Ich weiß noch, wie uns die große Schwester verlassen wollte, als sie 14 war. Nicht aus sentimentalen Gründen, sondern aus wirtschaftlichen. Wir hatten einen Sack Mais, mehr nicht, keine Kartoffeln, Trockenkartoffeln oder Weizen, auch keine Zwiebeln. Ein bisschen Fleisch gab es immer, weil wir ja Vieh hatten. Das war unsere Ernährung das ganze Jahr hindurch. Wir aßen Maissuppe früh, mittags und abends. Also sagte meine Schwester: »Ich gehe in den Osten, in die Stadt, Geld verdienen. Wie sollen wir denn unter diesen Umständen leben.« Nicht, dass meine Eltern faul gewesen wären. Mein Vater war vielmehr tüchtig und in der Dorfgemeinschaft sehr geachtet.

Mit 13 oder 14 ging ich nach Oruro zur Schule und arbeitete nebenbei in einer Bäckerei, um meinen Unterhalt zu verdienen, von Mitternacht bis sechs Uhr morgens. An der Schule verkaufte ich Lollis. Später spielte ich in einer Band Trompete. Am Wochenende spielten wir auf, um Geld zu verdienen.

In der fünften oder sechsten Klasse nahm mich mein Vater von der Schule. Ich hatte schlechte Noten, weil ich mich mehr dem Sport widmete. Da ließ mich mein Vater das Vieh hüten. Das war eine gute Lektion. Irgendwie muss er aber mit dem Direktor gesprochen haben, denn auf einmal durfte ich doch wieder zur Schule gehen. So lebten wir einige Jahre, bis sich wieder einmal der Frost die Kartoffelernte holte. Mein Vater betrank sich mit meinen Onkeln; ich glaube, mit dem ganzen Dorf. Er sagte: So viel wir auch arbeiten, wir kommen niemals voran. Deshalb müssen wir weggehen. In die Yungas oder in den Chapare. Und noch bevor ich zum Militär eingezogen wurde, sind wir in die Yungas gegangen, wo wir Verwandte hatten. Aber wir konnten kein Land finden. Die Preise waren zu hoch für uns. Das konnten wir uns nicht leisten. Und so dachten wir an den Chapare, wo wir damals auch Verwandte hatten. 1978 oder 1979 ist mein Vater dann dort geblieben. Ich wurde 1978 eingezogen.

Beim Militär wollte ich zu den Fallschirmspringern. Aber da kommst du nur hin, wenn dich ein Kommandant empfiehlt, ein General oder ein Abgeordneter, jemand aus der Oberschicht. Ich kam damals ins Hauptquartier im Stadtteil Miraflores von La Paz, das damals sehr wichtig war. Es war die Zeit des Übergangs von den Diktaturen zur Demokratie. Ich diente als Militärpolizist unter den Generälen Banzer, Pereda und Padilla. Siles Suazo hatte zwar die Wahlen gewonnen, aber Banzer zog es vor, die Regierung an General Pereda zu übergeben. Da lernte ich, dass wir nicht dem Vaterland dienen, sondern dass wir eine Manövriermasse sind, die den jeweils dominierenden Gruppen zur Verfügung steht.

Einmal mussten wir zu einem Aufstand von Kokabauern in die Yungas. Einige von uns schrieben Briefe nach Hause an ihre Eltern, um sie zu warnen. Auch mein Vater war damals selbst schon Kokabauer, aber im Chapare. Wir waren aus drei Regimentern und sollten Straßenblockaden bei Coripata beseitigen. Jeder bekam einen Beutel mit 600 Patronen, und General Terrazas sagte: »Soldaten! Ich will keine einzige zurück! Es lebe die Armee!« Ich fragte mich: Was werden wir tun? Müssen wir töten?

Als wir dann nach Coripata kamen und die Schüsse hörten, dachte ich: Recht hatten die Kameraden, dass sie Briefe geschrieben haben. Wenigstens meiner Freundin hätte ich schreiben sollen!

Mit uns waren ein Oberst und mehrere Offiziere, doch nach den ersten Schüssen, sah man keinen mehr von ihnen. Ein Feldwebel hatte das Kommando. Als wir dann schließlich nach Coripata einrückten, waren sie wieder da und missbrauchten die Frauen. Es war wirklich eine Schande! Wir durchsuchten die Häuser der Bauern. Sie folterten einen 16-Jährigen, wer die Anstifter seien. Er war der Einzige, der sang wie ein Vogel.

Aus einem der Häuser flüchtete ein Mann, und der Leutnant rief: »Feuer!« Aber wie sollten wir auf einen der unseren schießen? »Wer nicht schießt, wird selbst erschossen«, hatten sie uns gesagt. Also schossen wir in den Boden oder in die Luft. Der Leutnant nahm dann selbst sein Gewehr und hat den Mann erschossen.

Nach dem Militärdienst wollte ich studieren. Aber die Schule ist eine Sache und die Uni eine andere. Die kostet viel mehr Geld. Also sagte mein Vater: »Hilf mir ein oder zwei Jahre Koka anbauen. Dann gehst du zum Studieren nach Cochabamba, und ich werde dich unterhalten.« So kam ich 1979 oder 1980 zum Arbeiten in den Chapare. Ich konnte ja nirgendwo anders hin. Dort gab es Früchte in Hülle und Fülle. Früher hatten wir jede Orange unter uns drei Geschwistern teilen müssen – wenn wir mal eine hatten. Jetzt konnte man den Saft von 20, 30, 40 Orangen zum Frühstück trinken. Vor lauter Begeisterung habe ich mich drei Tage lang nur von Früchten ernährt, bis mir schließlich übel wurde.

Das war in der Zeit von García Meza. Da gab es schon Konflikte. Die *Sindicatos* waren damals auf dem Rückzug. Ich war im *Sindicato* für Sport zuständig und organisierte Fußballturniere und dergleichen, was mir unter den Mädchen den Spitznamen »Der junge Fußballer« eintrug.

Die Zeit verging, der Kokapreis war gesunken, und so reichte das Geld nicht zum Studieren. Zur selben Zeit wurde ich im *Sindicato* zum Schriftführer gewählt und danach zum Schriftführer der *Central* (nächst höhere Organisationsebene mehrerer *Sindicatos*), dann zum *dirigente* (Anführer) des *Sindicatos* und schließlich zum *dirigente* der *Central*. Ich war damals der jüngste unter den *dirigentes*. Das war so gegen 1984.

Mein Cousin Florencio, dem mein Vater damals sehr half, weil er Waise war, und der in der Stadt studierte, brachte eines Tages Flugblätter über die chinesische Revolution mit. Ich las von Mao Tsetung und anderen, roten Fahnen, und ich verstand es nicht. Aber ich habe damals viel nachgedacht: Warum müssen wir so leiden?

Nun wurde mir klar: Wenn es auch der Frost war oder der Hagel, der unsere Ernte vernichtete, niemals war der Staat da oder die Regierung, um zu helfen. Diese Dinge haben mich nachdenklich gemacht über unser Leben, und mir wurde damals schon klar, dass wir selbst kämpfen mussten, dass wir dafür verantwortlich waren, uns selbst zu verteidigen.

Die Dorfgemeinschaft und die *Sindicato*-Organisation waren sehr wichtig. Wenn wir im Chapare Schulen haben, Gesundheitsposten, Wege, so ist es den *Sindicatos* zu verdanken und nicht dem Staat. Im *Sindicato* wurde Geld gesammelt, Steuern sozusagen, und dann wurden diese Arbeiten gemacht, vor allem die Wege.

Heute kann ich nicht mehr wie ein Kind denken oder ein Jugendlicher oder einer, der gerade erst im Chapare angekommen ist. Wir sind uns vollkommen über die wirtschaftliche Situation im Lande im Klaren, über die Wirtschaftsmächte im internationalen kapitalistischen System, über Abhängigkeit, Rückständigkeit, über den Neoliberalismus, der nicht nur eine Doktrin ist, sondern eine Praxis, die vom Weltwährungsfonds und von der Weltbank vorangetrieben wird. Das Problem ist also viel grundlegender. Sie wollen Individualismus, Konsumismus, Abhängigkeit. Der Kapitalismus wird unsere Probleme niemals lösen.

Das Einzige, was die neoliberale Politik in Bolivien erreicht hat, ist, dass wir überleben, mehr nicht. Es stimmt schon, dass sie einerseits die Hyperinflation gebremst hat, aber sie hat auch unsere Märkte mit ausländischen Waren überflutet, und die Armut ist noch schlimmer. Die Koka ist also nicht nur ein wirtschaftliches Problem. Es ist auch ein politisches Problem und ein kulturelles. Es handelt sich nicht mehr nur um die Verteidigung der Koka; es ist eine politische und ideologische Auseinandersetzung.

Manchmal sage ich, Gott sei Dank sind die *Gringos* da. Das hat uns gestärkt und hat uns erlaubt zu erkennen, wer eigentlich der Hauptfeind ist und wer seine Handlanger, diese kleine herrschende Klasse, die politischen Parteien, treue Diener des Imperialismus.

Mein ursprüngliches *Sindicato*, als ich in den Chapare kam, war San Francisco, wo ich acht Hektar Land hatte. Das kam mir wenig vor. Deshalb beschaffte ich mir weitere 20 Hektar vom *Sindicato* Murillo, das angrenzt und zur selben *Central* gehört. Ich verdiente mehr mit Reis als mit Koka. Damals hatte ich nur anderthalb Hektar Koka. Die Koka war mehr zur Sicherheit da, als Sparkasse sozusagen.

Nach der Strukturanpassung von 1986 sind die Preise für Reis so stark gefallen, dass ich nun auch mehr Koka anbaute, weil mit Reis nichts mehr zu verdienen war.

Ich weiß nicht mehr, war es 1978 oder 1979, da tauchte das erste Programm der Alternativen Entwicklung im Chapare auf: PRODES von USAID. Die haben den Anbau von Kaffee und Kakao in der Zone gefördert.

Viele von uns haben dann Kaffee und Kakao angebaut, aber wir wussten gar nicht, was man damit macht, und es gab auch keine Instanz, die ihn gekauft hätte. Das Einzige, was sie uns sagten, war, dass man daraus Schokolade macht: »Schokolade muss man produzieren. Wie könnt ihr das nicht wissen?« So produzierten also viele Familien von San Francisco Kakao, aber es gab keinen Markt. Die Kaffeeproduzenten ernteten, trockneten die Bohnen und einige begannen, sie aus Neugier in der Pfanne zu rösten. Sie luden mich ein: »Wir trinken unseren eigenen Kaffee!«, sagten sie. Aber dazu reichen auch 10 oder 20 Pflanzen, und man braucht nicht einen halben Hektar, wie sie ihn bepflanzt hatten.

Später, als dann das Militär und die Kokavernichtung kamen, haben sie wieder etwas anderes angebaut: Mais, Reis oder Orangen. Was mich fasziniert, ist die Mutter Erde, die für uns Bauern, Quetschuas und Aymaras, wirklich viel bedeutet. Für uns ist die Mutter Erde unser Leben, nicht nur ein Teil, sondern das ganze Leben. Sie reißen eine Pflanze aus, mit Betrug oder mit Zwang, und pflanzen etwas anderes, aber die Mutter Erde gibt uns irgendwie immer weiter etwas zu essen.

Ich habe schon viele Aggressionen erlebt, Verhaftungen, Deportationen. Zum ersten Mal war es, glaube ich, im Dezember 1988, wo es wirklich schlimm war, nachdem wir eine große Versammlung zur Erinnerung an das Massaker von Villa Tunari gemacht hatten. Am nächsten Tag, ich war wieder zu Hause und frühstückte mit Freunden, kam eine Gruppe der UMOPAR mit einigen von der DEA (US Drug Enforcement Administration), um mich mitzunehmen. Sie packten mich auf ihr Fahrzeug und begannen, auf mich einzuprügeln, als ich mich gegen meine Verhaftung wehrte. Doch die Gemeinschaft versammelte sich schnell in Gruppen, mit Prügeln oder Messern, manche mit Macheten, Äxten und Steinen, und sie riefen: »Evo, Evo!« Als die ersten Steine flogen, warfen sie mich an einer Kurve aus dem Auto. Sie sind schließlich zu Fuß in die Wälder geflüchtet und ließen das Auto zurück. Die *compañeros* haben es angezündet.

Vorher hatte ich bereits anonyme Anrufe bekommen. So wollen sie einen einschüchtern. Und das alles, weil ich gegen die Übergriffe der UMOPAR und der DEA protestierte. Einen *compañero* hatten sie mit Benzin übergossen und gedroht, ihn anzuzünden. Sie durchsuchten Häuser und belästigten die Frauen, oder sie nahmen das Geld mit oder das Essen, oder sie zwangen die Frauen, für sie zu kochen. Das war unerträglich. Abgesehen davon, dass sie uns als Drogenhändler oder Beschützer des Drogenhandels bezeichneten. Als sie mich in San Francisco verhafteten, haben sie mich von der Gürtellinie abwärts misshandelt.

Ich habe gelernt, dass es viel kostet, das Leben zu verteidigen. Die Wahrheit zu sagen, ist ein Delikt. Aber die Zeiten ändern sich, glücklicherweise.

Es geht nicht von heute auf morgen, dass wir die Entkriminalisierung des Kokablattes erreichen. Man hat immer gesagt: »Wenn Evo die Koka verteidigt, schützt und verteidigt er auch den Drogenhandel.« Aber seit 1986/87 haben wir anerkannt, dass es eine Überschussproduktion von Koka gibt, die man ersetzen muss. Und wenn es diese Überschussproduktion gibt, dann nicht, weil der Bauer es so will. Sondern die Politik der bolivianischen Regierung selbst, die der Weltbank und des Weltwährungsfonds sind daran schuld. Die arbeitslosen Minenarbeiter, wo sind die hin? Ein Teil in die Städte, ein anderer Teil in den Chapare, um Koka anzubauen. Damit überleben sie. Wer ist also schuld? Sind sie schuld an der Schließung der Minen?

Das Problem mit dem Drogenhandel kam unter García Meza in den Chapare. Vorher hatte sich das *Sindicato* darum gekümmert. Ich erinnere mich noch, wenn sie mit dem *pututu* (Signalhorn) zur Versammlung riefen, weil es irgendein Problem gab. Und der *dirigente* berichtete dann zum Beispiel, dass einer der Nachbarn letzte Nacht Fässer abgeladen habe und man ihn verdächtige, dass er mit dem illegalen Geschäft zu tun habe. Dann wurden zwei *compañeros* ausgesucht, um zur Drogenpolizei zu gehen und den Vorfall zu melden. Unter García Meza waren es die Streitkräfte selbst, die den Drogenhandel organisierten. Mir haben sie eines Nachts die Koka beschlagnahmt, die ich zum Trocknen ausgelegt hatte, auf ihren Wagen geladen und weg waren sie, Richtung San Francisco.

Dagegen hatten wir es bei unseren ersten Auftritten im Ausland schwer. Überall hielt man uns zu Anfang für Drogenhändler. Inzwischen konnten wir erklären, dass Koka nicht Kokain ist und dass wir mit dem Drogenhandel nichts zu tun haben.

Diese Erinnerungen von Evo Morales wurden bereits 1994 aufgezeichnet.

Der Sturz des Präsidenten

Gonzalo Sanchez de Lozada, »Goni«, wie er sich gerne nennen ließ, wollte als Reformpräsident in die Geschichte eingehen. »El Gringo«, wie ihn Gegner wegen seines starken amerikanischen Akzents nennen, war in seiner ersten Präsidentschaft (1993-97) Exekutor einer ganzen Reihe von Reformen gewesen: Bildungsreform, Privatisierungen, Umweltgesetzgebung, Verwaltungsreformen, die als neoliberale Reformen der zweiten Generation bekannt wurden, dem Staat zum Teil wieder eine Reihe von Ordnungsfunktionen einräumten und einen gewissen sozialen *Touch* hatten.

Hintergrund waren die Debatten internationaler Entwicklungsagenturen um »Regierbarkeit« und »Nachhaltigkeit«, die die Einsicht reflektierten, dass die »unsichtbare Hand des Marktes« (Adam Smith) alleine nicht ausreichte, um einen tragfähigen Akkumulations- und Entwicklungsprozess zu gewährleisten. Von diesen Agenturen – die meisten mit Sitz in Washington – kamen die Konzepte, manchmal auch ganze Gesetzesvorlagen, und die Budgets.

Die antriebslosen und von ausländischer Entwicklungsfinanzierung abhängigen *aid regimes* in La Paz standen stets als Experimentierfeld für externe Politikvorhaben zur Verfügung: von der neoliberalen Strukturanpassung 1986 über den Drogenkrieg bis hin eben zu den Reformen der zweiten Generation Mitte der neunziger. Diese waren teils lange überfällig (etwa die Bildungsreform), teils regelrecht revolutionär im Charakter, wie die *Participación Popular.* Letztere hat ganz wesentlich dazu beigetragen, dass die Opposition organisatorisch so stark werden konnte, wie sie heute ist.

Alle Reformen waren wild umstritten, wurden unsensibel von oben durchgepeitscht, unter anderem mit der zweimaligen Verhängung des Ausnahmezustands im Jahre 1995. Der steinreiche Minenbesitzer »Goni« galt als autoritär und arrogant.

In seiner zweiten Amtszeit ab August 2002 wollte »Goni« seine Reformen sensibler zu Ende führen. Es stimmt schon: Wer mit ihm zu tun hatte, beschrieb den über 70-Jährigen als zunehmend apathisch und häufig abwesend. Senilität? Alkoholismus gar?

Solche Erklärungen greifen zu kurz. Als Chef einer schwachen Koalitionsregierung war »Goni« mit einer starken Opposition konfrontiert, die von der Straße kam und ihrer Klientel nun Erfolge in der parlamentarischen Arbeit vorweisen musste. »Goni« suchte den Dialog und den Konsens mit ihr, selbst um den Preis persönlicher Demütigungen, als Felipe Quispe den Greis zu Verhandlungen in ein 4000 Meter hohes Andendorf lud, wo ihn ein Gastmahl aus Kartoffeln und Käse erwartete, das auf einem Tuch auf der Hauptstraße angerichtet war. Mehrmals schienen Annäherungen möglich, besonders mit Evo Morales' MAS und seinem *Generalstab des Volkes.*

Als »Goni« im Herbst 2002 um Zustimmung zu einer der Kernforderungen der stärksten Oppositionskraft warb, der nach einer Pause bei der Kokavernichtung, holte er sich in Washington ein kategorisches Nein ab. Schon während seiner ersten Präsidentschaft hatte er über mangelnden Handlungsspielraum geklagt. Als Hampelmann mit begrenzter Souveränität hätte er sich aber wohl nicht bezeichnen wollen. Nun verlängerte er seinen USA-Aufenthalt ohne Angabe von Gründen und erklärte nach seiner verspäteten Rückkehr den gespannten Journalisten, er sei »weder für noch gegen eine Pause bei der Kokavernichtung, im Gegenteil«. Sein politisches Todesurteil. Dass es schließlich am Thema der Gasexporte vollstreckt würde, war letztlich einigermaßen beliebig.

Die zunehmend ungeduldige Basis der Opposition fasste Verhandlungen ihrer Vertreter mit der Regierung nunmehr als überflüssigen Firlefanz auf, als ergebnisloses Spiel auf Zeit, und lehnte folgerichtig schließlich auch Vermittlungsversuche ab. Man wolle lieber gleich direkt mit der US-Botschaft verhandeln.

Wenn US-Diplomaten nun abwiegeln, so kategorisch sei ihre Position doch gar nicht gewesen, so ist das pure Heuchelei. Washington hat wieder einmal einen Musterschüler kalt lächelnd in der Bredouille sitzen lassen, die es ihm eingebrockt hat, und diese Politik hat einmal mehr eine glasklare Zuspitzung zwischen »Mac World«- und »Dschihad«-Positionen – um die Diktion des US-Politologen Benjamin Barber zu benutzen – heraufbeschworen.

Die Signale Washingtons sind weiterhin eindeutig: kein Einlenken in der Frage der Kokavernichtung, keine Ausweitung der Hilfen. Der Handlungsspielraum der neuen Regierung bei den Kernforderungen der Opposition wird genauso gegen Null gehen wie der der alten. Der renommierte Stratford Intelligence Service rechnet schon bald mit neuen Unruhen und einer Situation der Unregierbarkeit, die auf benachbarte Länder übergreifen könnte.

Alarmsignale hatte es so viele gegeben, dass jedem aufmerksamen Beobachter die Ohren klingen mussten. Das schrillste war sicherlich der erdrutschartige Wahlerfolg der Opposition vom Sommer 2002, der Kokabauernführer Evo Morales auf Anhieb in die Stichwahl um das Präsidentenamt gebracht hatte. Die Bolivianerinnen und Bolivianer wollen die Demokratie, das hatte der Urnengang deutlich gemacht. Aber die traditionellen Parteien waren als korrupte Exekutoren externer Globalisierungsentwürfe diskreditiert und wurden gnadenlos abgestraft, entgingen zum Teil nur haarscharf der politischen Bedeutungslosigkeit. Mit Mühe und Not brachte man noch einmal eine Koalitionsregierung zustande, um das Schreckgespenst eines *Presidente Evo* zu bannen.

Das war es dann auch: Zu einem internationalen Seminar aus Anlass des 50. Jubiläums der bolivianischen Revolution kam im Oktober 2002 die gesamte Polit-Prominenz nach Cochabamba. Vom Wahlerfolg der MAS war an den drei Tagen genau zweimal die Rede: in einer Frage des Autors und im Vortrag des damaligen Vizepräsidenten Carlos D. Mesa. Darüber hinaus gefielen sich Politiker und Wissenschaftler zumeist in schöngeistiger Nostalgie und taten, als sei nichts gewesen.

Wie man das Wahlergebnis bewerte, hatte ich seinerzeit auch Mitarbeiter der Vereinten Nationen gefragt: Das werde schon gar nicht mehr diskutiert, hieß es. Nichts sehen, nichts hören, nichts sagen. Bei der 46. Tagung der UN Commission on Narcotic Drugs 2003 in Wien war von der bolivianischen Delegation nichts zu sehen, gerade so, als handle es sich nicht um eine der politischen Schlüsselfragen für das Andenland. Vielleicht scheute man die Peinlichkeit, hatte man sich doch noch zwei Jahre vorher als strahlender Sieger im Kampf gegen den Kokaanbau präsentiert. *Business as usual* in den europäischen Außenämtern, Politikversagen auch bei Stiftungen und Organisationen, die sich die Förderung des demokratischen Prozesses auf die Fahnen geschrieben haben, nebst Ferndiagnostikern und Gefälligkeitsgutachtern, die Bolivien stets als demokratisches Erfolgs- und Stabilitätsmodell vorzustellen beliebten. Statt der jungen und gänzlich unerfahrenen Opposition auf die parlamentarischen Füße zu helfen, wurde weiter ausgegrenzt. Evo Morales wurde auf Druck der Botschaften von Dialogveranstaltungen aus- oder erst gar nicht eingeladen. Und im Parlament wurden Spielchen getrieben, wie nach Sitzungspausen alle Fraktionen wieder in den Plenarsaal zu rufen, nicht aber die der Opposition.

Konstruktive Initiativen der parlamentarischen Neulinge waren rar, aber auch die wenigen wurden abgeblockt. Weitere Radikalisierung war die Folge.

Weiße Augenzeugen der Unruhen berichteten nun von blankem Hass, der ihnen entgegenschlug, und von der Angst, vom »Indio-Mob« gelyncht zu werden: die Kehrseite einer unterschwelligen

Apartheid, über die man jahre- und jahrzehntelang ebenso angestrengt wie großzügig hinweggesehen haben muss.

»Bolivien hat die Hosen heruntergelassen - und es stinkt entsetzlich«, schrieb eine Kollegin aus La Paz.

Nicht nur Bolivien! Das Bemühen der Lateinamerikaner um ein stärkeres Engagement Europas als Gegengewicht zu den USA blieb weiterhin erfolglos, auch im Fall Bolivien. Gelegentlich hochfliegende Deklarationen werden von einer politischen Praxis begleitet, die weithin von Desinteresse und Inkompetenz geprägt ist. Engagierte Ausnahmen werden erschrocken zurückgepfiffen. Jene institutionalisierte Leisetreterei hat zum Bedeutungsverlust in Kolumbien geführt, und in Peru, wo man mit Fujimori und Montesinos jahrelang Verbrecher unterstützt und hofiert hat, zum - freilich folgenlosen - diplomatischen Super-Gau. Es ist zu befürchten, dass man nun wieder einmal nur das Scheckbuch zückt - *ultima* und *unica ratio* der Lateinamerikapolitik -, um der Regierung des honorigen Carlos D. Mesa unter die Arme zu greifen. Das braucht sie auch, keine Frage. Aber es wird nicht reichen.

Bolivien braucht nun Dialog und Konzertation. Und dazu braucht es Alternativen zum *shotgun-approach* der Regierung Bush in Washington. Mit der Diffamierungskampagne der Opposition als fünfte Kolonne des Drogenhandels und der Terroristen muss Schluss sein, oder es müssen konkrete Anklagen erfolgen. Die Dialog- und Kooperationsverweigerung mit den von ihr kontrollierten Gemeinden muss ein Ende haben. Konkrete

Kooperationsergebnisse können Vertrauen schaffen. Wenn es nicht schon zu spät ist, so doch fünf vor Zwölf: Carlos D. Mesas' Parteilosenregierung ist ein letzter demokratischer Rettungsversuch, der eigentlich schon keine gesellschaftliche Basis mehr hat. Evo Morales' MAS gibt sich einstweilen besonnen abwartend.

Im Wettlauf der Oppositions-Caudillos um die radikaleren Maximalforderungen könnte es aber von Felípe Quispes MIP, mit seinen ethno-chauvinistischen Tendenzen, in aktionistische Abenteuer mitgerissen werden.

Bolivien hat seit seiner Unabhängigkeit im Jahre 1825 mehr Militärputsche erlebt als Jahre. Die Februarunruhen des Jahres 2003 mit Schusswechseln zwischen Polizei und Militär vor dem Präsidentenpalast sollten deutlich gemacht haben, wie gefährlich die Lage ist.

Staatsfeind Nummer 1: »El Evo«

El Alto, der Flughafen von La Paz, ein Donnerstag. Der Abendflug 817 nach Cochabamba ist bereits einsteigebereit, da drängt ein Pulk von Herren in Anzug und Krawatte durch die Sicherheitskontrollen: Parlamentsabgeordnete auf dem Heimflug. Der Mann im Mittelpunkt des Interesses trägt eine blaue Faserpelzjacke mit der Whipala-Regenbogenflagge der Andenindianer am Ärmel und der Aufschrift »SOMOS MAS« am Rücken, wörtlich: »Wir sind mehr.« Mit seinem *Movimiento al Socialismo (MAS)* hat Kokabauernführer Evo Morales bei den Parlamentswahlen vom 30. Juni 2002 einen politischen Erdrutsch in Bolivien eingeleitet. Mit 20,94 Prozent der Stimmen landete der ebenso streitbare wie umstrittene Bauernführer indianischer Abstammung nur 1,5 Prozentpunkte hinter dem Wahlsieger, Ex-Präsident »Goni« Sanchez de Lozada und damit in der Stichwahl um das Amt des Präsidenten, die »Goni« schließlich mithilfe einer Koalition der traditionellen Parteien für sich entscheiden konnte.

Für die Bush-Regierung in Washington und ihren Botschafter (den alle hier *virey* nennen, den Vizekönig) ist er ein drogenfinanzierter, linksradikaler Senator, der Boliviens wacklige Demokratie zu Fall bringen will. Für viele Bolivianer ist er ein Held, der mit jedem Angriff aus Washington noch an Statur gewinnt.

»Sie werden lernen müssen, mit uns zu leben«, tönte Morales unlängst in einem Interview. Er war gerade aus Cuba zurück, eine erneute Unbotmäßigkeit, hatte das US State Department doch ausdrücklich den greisen Fidel Castro davor gewarnt, dass es eine Provokation sei, Oppositionsführer wie Morales zu empfangen, die demokratisch gewählte Regierungen zu destabilisieren versuchen.

Noch neun Monate vor den Wahlen war die MAS in den Umfragen gar nicht aufgetaucht. Kurz vor den Wahlen wurden ihr »sensationelle« 13 Prozent prognostiziert. Die restlichen acht Prozent dürften auf das Konto des damaligen US-Botschafters Manuel Rocha gehen, der drei Tage vor den Wahlen die Bolivianerinnen und Bolivianer davor warnte, Morales zu wählen, weil das Konsequenzen für die Beziehungen und die Kooperation durch sein Land haben würde. Das war selbst vielen Angehörigen der städtischen Mittelschichten zu viel, die an sich wenig für Morales und sein Programm zu erwärmen sind, aber die pausenlosen Einmischungen und Belehrungen satt haben: Wenn sie von *la embajada* sprechen, ist jedem klar, *welche* der zahlreichen Botschaften in La Paz damit gemeint ist.

Fragt man die Bauern draußen auf dem Lande, warum sie MAS gewählt haben, so antworten die meisten: »Na, weil er einer von uns ist!« Tief sitzt bei der indianischen Bevölkerungsmehrheit der Groll über 500 Jahre Unterdrückung, Missachtung und Geringschätzung, das Gefühl des Ausgeschlossenseins von wirtschaftlichem Erfolg, gesellschaftlichem Status und politischer Repräsentanz. *Indio* wird noch immer als Schimpfwort gebraucht.

Morales ist ein hoch gewachsener Aymara-Indianer, geboren und aufgewachsen auf dem *Altiplano*, unweit der Minenstadt Oruro, in armen Verhältnissen. Wie so viele ging er als junger Mann in die Tropen, um im Kokaanbau ein besseres Leben zu finden, wurde in den *Sindicatos* der Kokabauern groß – und schließlich deren unumschränkter Führer. Dort haben er und seine MAS ihre Kernanhängerschaft: Mit 69 Prozent der Stimmen erreichte er schon bei den vorletzten Wahlen in seinem Stimmkreis das bolivienweit üppigste Direktmandat. Er tritt für die Legalisierung des Kokaanbaus ein und verspricht, die Agenten der *US Drug Enforcement Administration (DEA)* aus dem Land zu werfen, wenn er an der Macht wäre. Koka ist der pflanzliche Rohstoff für die Kokaingewinnung, aber auch die Lebensgrundlage für 35 000 Bauernfamilien in der Zone.

Indes: Koka ist heute nur mehr einer von vielen Punkten auf Morales' politischer Tagesordung. Spätestens seitdem im Oktober 2003 sein Rivale »Goni« Sanchez de Lozada durch einen Volksaufstand aus dem Präsidentenpalast vertrieben wurde, ist »El Evo«, wie er landauf, landab genannt wird, ein Top-Politiker. »Vorher war er als Abgeordneter wahrgenommen worden, der gegen das System ist«, sagt ein US-Offizieller, der seinen Namen nicht genannt wissen will: »Nach den Ereignissen vom Oktober ist er der am wenigsten beschädigte Politiker.« Sehr zum Ärger Washingtons tritt er inzwischen auch zusammen mit den Präsidenten Brasiliens und Argentiniens auf.

»Gonis« Nachfolger Carlos D. Mesa ist ein honoriger Historiker und Journalist, den sich der Präsident als intellektuelles Schmuckstück und Vize zur Seite gestellt hatte, wie bereits in seiner ersten Amtszeit den Indio-Intellektuellen Victor Hugo Cardenas. Der parteilose Mesa verfügt über hohes Ansehen, aber nicht über eine eigene Machtbasis. Sein politischer Spielraum wird durch die Vorgaben Washingtons genauso eingeschränkt wie der seines Vorgängers. Putsch- und Aufstandsgerüchte machen in Bolivien nach wie vor die Runde. Doch die Bolivianer wollen kein weiteres Blutvergießen, und Mesa hat für den Fall neuer Gewalttätigkeiten seinen Rücktritt angedroht.

Morales ist ein ehrgeiziger Mann, und er wäre wohl der natürliche Nachfolger. Doch er scheint an Reife gewonnen zu haben und zu wissen, dass er nur durch Wahlen an die Macht kommen kann. Sonst wäre seine präsidiale Halbwertszeit womöglich noch kürzer als die von Mesa. »Wir haben uns für den Weg der Wahlen entschieden«, sagt er. »Wir werden Wahlen gewinnen, an die Macht kommen und tiefgreifende, dauerhafte Veränderungen vornehmen.« Mesas Sturz, betont er, wolle er nicht.

Die MAS muss personell und programmatisch erst noch reifen. Morales Nahziel ist ein eindrucksvoller Sieg bei den Kommunalwahlen im Dezember 2004. Seine ungeduldigen Anhänger im Chapare warnt er eindringlich, Ruhe zu bewahren und gewalttätige Auseinandersetzungen zu vermeiden. Ob ihm das ohne substanzielle Zugeständnisse der Regierung auf Dauer gelingen kann, ist fraglich.

Morales zeigt sich auf dem neuen Kalender seiner Bewegung in Indiotracht neben Kirchner,

Castro und Chavez. Aber er dementiert alle Gerüchte über eine Finanzierung der MAS durch Cuba oder Venezuela. »Jedes Land hat seine eigenen Probleme«, sagt er und fügt hinzu: »Ich habe nie Marx, Lenin oder Trotzki gelesen.«

Morales tritt für kooperative Formen der Landwirtschaft ein, ein Leben im starken Gemeindeverbund, wie das in den Anden historisch üblich war, und eine starke, paternalistische Zentralregierung: »Der Präsident sollte wie ein Vater sein.« Dem Kapitalismus misstraut er, denn er hat in Bolivien immer Kolonialismus und Ausbeutung bedeutet, sagt Morales.

Während Washington Morales als Staatsfeind Nummer 1 sieht, hat der wichtigste US-Verbündete in der Region inzwischen ein differenzierteres Bild. Dort sieht man ihn als Oppositionsführer mit harten Positionen, aber einem legitimen Rückhalt im bolivianischen Volk. »Wir müssen das Denken von Evo Morales verstehen«, sagt ein Mitarbeiter des chilenischen Präsidenten Ricardo Lagos: »Er ist kein Linker, wie die Leute denken, sondern *Indígena*.«

Zum Weiterlesen

Acebey, David: »Domitila«, Lamuv Verlag, Göttingen 1986

Cespedes, Augusto: »Teufelsmetall«, Lamuv Verlag, Göttingen 1982

Gesellschaft für Technische Zusammenarbeit (GTZ): »Drogen und Entwicklung in Lateinamerika«, Eschborn 2001

Lessmann, Robert: »Drogenökonomie und internationale Politik«, Frankfurt/M. 1996

Lessmann, Robert: »Auswärtige US-Drogenpolitik: Amerikanisierung und Militarisierung«, in: Rudolf/Wilzewski (Hg.): »Weltmacht ohne Gegner«, Baden-Baden 2000

Lessmann, Robert: »Zum Beispiel Kokain«, Lamuv Verlag, Göttingen 2001

Lessmann, Robert: »Drogenkontrolle als Herausforderung für Lateinamerika im internationalen System«, in: Bodemer, Klaus/ Gratius, Susanne (Hg.): »Lateinamerika im internationalen System - Zwischen neuem Regionalismus und Globalisierungsherausforderungen«, Leske und Budrich, Leverkusen 2003

Viezzer, Moema: »Wenn man mir erlaubt zu sprechen ... - Das Zeugnis der Domitila, einer Frau aus den Minen Boliviens«, Lamuv Verlag, Göttingen 1983

Adressen

Acción Andina,
Casilla 5471, Cochabamba, Bolivien

Gesellschaft für bedrohte Völker (GfbV),
Postfach 20 24, D-37010 Göttingen - www.gfbv.de

Gesellschaft für bedrohte Völker (GfbV),
Prinz-Eugen-Straße 52, A-1040 Wien - www.telekabel.at/gfbv.austna

Gesellschaft für Technische Zusammenarbeit (GTZ) - Aktionsprogramm Drogen und Entwicklung,
Postfach 51 80, D-65760 Eschborn - www.gtz.de

Informationsgruppe Lateinamerika (IGLA),
Postfach 5 57, A-1061 Wien - Igla2@compuserve.com

Proyecto LATAUTONOMY -
www.latautonomy.org

SAGO-Informationszentrum Bolivien,
c/o FDCL, Gneisenaustraße 2a, D-10961 Berlin - www.bolivia-info.de

terre des hommes,
Postfach 41 26, 49031 Osnabrück - www.tdh.de

Washington Office on Latin America (WOLA),
400 C Street, N.E., Washington, D.C. 20002, USA

Über den Autor

Robert Lessmann ist promovierter Soziologe und Politologe. Er war Referent für indigene Völker bei der Gesellschaft für bedrohte Völker und Stipendiat der Friedrich-Ebert-Stiftung. Heute arbeitet er als freier Journalist und Consultant. Er hat selbst in Bolivien gelebt, und er bereist und beforscht das Land regelmäßig, zuletzt im Rahmen des EU-gesponserten Forschungsprojekts LAT-AUTONOMY (www.latautonomy.org). Seit mehr als einem Jahrzehnt beschäftigt er sich schwerpunktmäßig mit der Drogenproblematik. Er ist Autor einer Vielzahl von Beiträgen und Publikationen zum Thema, unter anderem auch der Studie: »Drogenökonomie und internationale Politik – Die Auswirkungen der Anti-Drogen-Politik der USA auf Bolivien und Kolumbien« sowie »Zum Beispiel Kokain«.

Jeanette Erazo Heufelder

Gloria Cuartas: Bürgermeisterin für den Frieden

Porträt der kolumbianischen Menschenrechtskämpferin

Ein UNESCO-Buch

Drogenterror und Gewalt kennzeichnen Kolumbien. Zehntausende von Menschen werden Jahr für Jahr ermordet. Fast die Hälfte aller Entführungen weltweit finden in diesem südamerikanischen Land statt.
Gloria Cuartas' Waffe ist das Wort. Die couragierte Menschenrechtskämpferin steht für ein neues, besseres Kolumbien. Sie setzt sich dafür ein, dass die internationale Öffentlichkeit erfährt, was für eine Tragödie sich in ihrer Heimat abspielt. Ihr kommunalpolitisches Engagement in einer der brutalsten Regionen der Welt ist von der UNESCO mit der Auszeichnung »Bürgermeisterin für den Frieden« gewürdigt worden.
»Wenn man aus Kolumbien kommt und sein Land liebt, dann sieht man auch, dass hier etwas geschieht, dass es Menschen gibt, die ihre ganze Kraft einsetzen, damit Kolumbien die Chance erhält, eine wirkliche Demokratie zu entwickeln. Und diese wachsende soziale Bewegung ist unsere Hoffnung.«
Gloria Cuartas steht in der Tradition der aufbegehrenden Mütter italienischer Mafiaopfer und der argentinischen Mütter der Plaza de Mayo, die laut sagen: »Basta yá – es reicht!«

Jeanette Erazo Heufelder ist Regisseurin, Drehbuchautorin und Ethnologin. Sie arbeitet seit Jahren als Autorin für internationale TV-Reportagen und -Dokumentationen, vornehmlich über Lateinamerika, die in mehr als 30 Ländern zu sehen waren. Ihr Film über Gloria Cuartas wurde unter anderem von Arte und dem ZDF ausgestrahlt.

Ein Buch aus dem Lamuv Verlag

UNICEF
Guatemala
Der Krieg und die Kinder

Lamuv Taschenbuch 309

Guatemala ist kein Einzelfall. Weltweit werden Kinder in kriegerischen Auseinandersetzungen zu Opfern extremer Brutalität.
Im 36-jährigen Bürgerkrieg im mittelamerikanischen Guatemala starben etwa 200 000 Menschen. Jedes fünfte Opfer war jünger als 18 Jahre. Anhand zahlloser Zeugenaussagen wird deutlich: Nur wenige starben durch Schüsse. Soldaten warfen Babys gegen Wände, zertrümmerten Kleinkindern den Schädel, vierteilten Kinder mit der Machete oder verbrannten sie vor den Augen ihrer Eltern. Das Militär setzte Vergewaltigungen und Folter von Minderjährigen systematisch als Kriegswaffe ein. Die meisten der Opfer: Mayas. Für 93 Prozent aller Morde werden staatliche Stellen, vor allem die Armee, verantwortlich gemacht.

Das Deutsche Komitee des Kinderhilfswerks der Vereinten Nationen (UNICEF) dokumentiert die systematische Verfolgung, Verschleppung und Ermordung von Kindern während des Bürgerkriegs in Guatemala. Die Friedensnobelpreisträgerin Rigoberta Menchú fordert ein internationales Gericht, um diese Verbrechen abzuurteilen.

Ein Buch aus dem Lamuv Verlag

Phillip Wearne

Die Indianer Amerikas

Die Geschichte der Unterdrückung und des Widerstands

Mit einem Vorwort von Rigoberta Menchú
Aus dem Englischen von Elisabeth Müller

40 Millionen Indianer haben die weiße Eroberung des Kontinents überlebt, die mit Ausrottung und jahrhundertelanger Unterdrückung verbunden gewesen ist. Seit nunmehr fünf Jahrhunderten kämpfen die indigenen Völker Amerikas für ihre Rechte, ihr Land, ihre Sprache und Kultur, im Norden wie im Süden des Kontinents.

»Phillip Wearnes gründlich recherchiertes und gut lesbares Buch erzählt die tragische Geschichte des Kolonialismus, die intensiven Bemühungen zur Erhaltung indigener Kulturen angesichts einer aggressiven Assimilierungspolitik und, sehr wichtig, der neuen Bewegung zur Vereinigung indigener Völker in ganz Amerika. Es ist eine ausgezeichnete Einführung in diese bedeutsame politische Entwicklung.« (Julian Berger, Sekretär der Arbeitsgruppe für Indigene Völker der Vereinten Nationen und Autor des »Gaia Atlas of First Peoples«)

»›Die Indianer Amerikas‹ stellt erstmals die Lage aller indigenen Völker Amerikas dar. Dieses überfällige Werk zeigt die kulturelle Vielfalt in Nord-, Zentral- und Südamerika wie auch bedeutende historische Parallelen. Phillip Wearne zeigt, wie wichtig die Landfrage im Kampf der indigenen Völker ist, ein Kampf, der mit Kolumbus' Ankunft begann und bis heute andauert.« (Dee Brown, Autor von »Begrabt mein Herz an der Biegung des Flusses«)

Ein Buch aus dem Lamuv Verlag